非去不可的 100個旅遊聖地

《中國國家地理》編輯委員會 編著

前言

◎香格里拉

出於一種好奇的習慣，我們內在的眼睛常常越過身體所在的位置向外觀望，有時是無盡的天空，有時是湧動的汪洋，還有時是風沙彌漫的廣漠。靈魂因為太入迷而走失在這片奇妙視域的盡頭，一些問題開始沒有頭緒地躍然腦際——在世界的另一邊，會有什麼樣子的山川？人群如何生活？在他們的信仰裡，住著怎樣的神明？

居於一隅，卻可以憑心情在世界版圖上幸福行走的人生是快樂的。且不說地球46億歲的高齡可以換算成人類的幾度輪回，單單看它一路奉上的絕世珍品，就夠我們用呼吸、用心靈、用夢想，去追逐、探尋、回味了。所以，我們應該再把腳步放緩些、放輕些，因為，自然的神奇是無限的，總在不經意之間給我們製造一些或大或小的驚喜——除卻這些人人耳熟能詳的經典名勝，其實，我們的前方還無限廣闊，100、1000，甚至更多的地方，等待我們去放飛夢想。於是，就有了這輯《非去不可的100個旅遊勝地》。

《非去不可的100個旅遊勝地》共分為世界篇和中國篇兩卷，分別向心懷遠方的人們提供了100處世界和中國值得遠遊、值得駐足的風景。這些文字或許不是最美麗的，因為最美麗的文字是突然湧上人們心頭的感動；這些圖片或許也不是最美麗的，因為最美麗的圖片是人們面對著風景時候的眼睛。書籍僅僅是一張車票，從這一刻起，你要踏上新一站的旅程，開始一場繽紛瑰麗的動人歷險。

目 錄

contents

Chapter 03　大地傑作

contents

Chapter 01

世外桃源

尋找消失的地平線

香格里拉

非去不可的理由 → →

　　香格里拉顯然是不屬於人間的，它是一方七色樂土，豐裕恬美，讓你膜拜頂禮；它是一座曠古迷境，夢幻神奇，讓你癡醉沉迷；它是一片離塵淨土，純樸透明……

　　1933年，詹姆斯‧希爾頓在其長篇小說《消失的地平線》中，首次描繪了一個遠在東方群山峻嶺之中的永恆、和平、寧靜之地「香格里拉」：皚皚的雪山、廣闊無垠的草原、鮮紅的莨菪花、神秘的喇嘛寺院、波光粼粼的湖泊和與世無爭的村莊……這個只有在天堂才能出現的地方，就是中國雲南迪慶藏族自治州。香格里拉在藏語意為「心中的日月」，它源於唐宋時期建置的

「月光城」和「日光城」，日月兩城遙相輝映，千古流傳，成為佳話。

　　從歲月深處走出的香格里拉，那裡四季常青，那裡鳥語花香，那裡沒有痛苦，那裡沒有憂傷，那裡傳說是神仙居住的地方……走進香格里拉就走近了生命的本質，還原了世俗的一切。在這片寧靜的土地上，蒼穹湛藍明淨、草甸茂盛多彩、湖水澄明清澈，村戶炊煙、帳篷犛牛處處風光絕麗，雪山、湖泊、神聖的寺院猶如顆顆璀璨的明珠，在那片神秘美麗的土地上，交相輝映、熠熠閃光……

　　夾在山脈之間的壩子連綿不斷地向前延續著，層層疊疊開墾在山坡上的嫩綠田園，不時在半山腰彎出一道道優美的弧線；碉樓式的藏式建築隨意點綴在豐收的田野裡。高大筆直的冷杉、雲杉直入雲霄，林間清澈見底的溪水，草原上漫山遍野地盛開著各種色彩的小花，草甸上悠閒吃草的犛牛、牧馬和羊群，放牧藏民臉上淳樸而明媚的笑容，一切都好像靜止在畫中一樣。你的來，

❀香格里拉納西村的老人站在他曬的菸葉前，滿臉洋溢著豐收的喜悅和滿足的笑容。

INFORMATION ●●●●●

◎ Location　　　｜ 地理位置

　　位於雲南省西北部迪慶藏族自治州，金沙江、瀾滄江中上游，北接西藏昌都地區，東鄰四川甘孜藏族自治州，南與麗江地區毗鄰，西與怒江州相連。迪慶的自然地理特點可以概括為「三山兩江一壩」。「三山」即怒山山脈、雲嶺山脈、雪山山脈，縱貫南北，平行並列；梅里雪山、白茫雪山、哈巴雪山三山聳立於群峰之上。「兩江」，即金沙江、瀾滄江；「一壩」，即大小中甸壩子。

◎ Climate　　　｜ 氣候特徵

　　垂直氣候明顯，平均氣溫低，日照時間長，晝夜溫差大。年均溫5.4℃。

◎ Best Time　　　｜ 旅遊時機

☀ 5、6月份。

你的去，都完全不會改變它們平靜的世界。高高懸掛的經幡隨風飄動，當地的喇嘛唸唸有詞，臉上寫滿神聖的神情……這裡沒有紛爭、沒有罪惡、沒有欲念、沒有虛偽。只有那麼純淨的地方，才會生出那樣純淨的心來。佇立在湖邊，只想讓生命在這裡簡簡單單卻也永永遠遠地延續下去。

香格里拉不會把美麗專屬於一個地方，它將人們的幻想實現在各個角落。

高原之地湖水空靈，一顆顆藍寶石一樣的高山湖泊掩映在雪山林海深處，高山臨湖，湖映山影。那一泓泓碧水幽深寧靜，清澈凜冽。走在高原上你會被許許多多不知名的湖泊征服，這些湖

 迪慶依拉草原的瑪尼堆與白塔。

不 可 不 看 的 地 方

1 look
噶丹松贊林寺：
又稱為「歸化寺」，距香格里拉縣城約5公里。該寺為雲南規模最大的藏傳佛教寺廟，被譽為「小布達拉宮」。屋頂屬新金瓦殿，金光閃耀，燦爛奪目，「遠近百里如見佛光」。

2 look
虎跳峽：
金沙江從石鼓鎮急轉北流約40公里後，在香格里拉縣虎跳峽鎮闖進玉龍雪山和哈巴雪山之間，形成一個世界上最窄、最險的大峽谷——虎跳峽。虎跳峽分為上虎跳、中虎跳、下虎跳3段，共18處險灘。

泊有的圓若明鏡，有的彎似月牙，有的長似游魚，有的似珠玉成串，有的水色深沉似無底深淵。它們是高原上的精靈，只屬於蒼茫和寥廓的大地。

在城市之外、鄉村之外、文明之外，終歸是紅塵之外的香格里拉，天藍水幽雲淡的世外桃源，在層層疊疊的懷舊的暗金色氛圍中，沐浴著遠古純淨的光輝，洋溢著聖潔的意韻。

這是人類理想的歸宿，夢想中的世外桃源，它收留了無數迷路的孩子，指點他們找到了「心中的日月」。

香格里拉，那人間的天堂，又何必止步於一個地方，其實，它源自所有人心中最寧淨聖潔的那片思想，它如同陽光一直都在，只是需要我們去用心尋找。

● 湖泊猶如明珠，鋪灑在這片美麗的土地上，與周圍紅豔豔的植物相得益彰。

此景只應天上有

九寨溝

非去不可的理由

　　九寨溝的色彩，繽紛、奇特、變幻無窮；它是一個五彩斑斕、絢麗奇絕的瑤池玉盆，一個原始古樸、神奇夢幻的人間仙境，一個不見纖塵、自然純淨的「童話世界」！

　　每個人的內心都充滿了對童年的懷念，都隱藏著一個童話世界。如果你走進九寨溝，相信你的內心就會得到釋放，因為那是個自由澄淨的世界。

　　九寨溝，山水相依，水樹交融，動靜有致。這裡山清水秀，

湖、瀑一體，山、林、雲、天倒映水中，更添水中景色。水色使山林更加青蔥，山林使水色更加嬌豔。梯湖水從樹叢中層層跌落，形成林中瀑布，湖下有瀑，瀑瀉入湖，湖瀑孿生，層層疊疊，相銜相依。寧靜翠藍的湖泊和潔白飛瀉的瀑布構成了靜中有動，動中有靜，動靜結合，藍白相間的奇景。遠望雪峰林立，高聳雲天，終年白雪皚皚，加上藏家木樓、晾架經幡、棧橋、磨房，顯現出自然的美，令人遐想無限。九寨溝的雪峰、彩林、翠海、疊瀑和藏族風情被稱為「五絕」。

九寨溝的春天，冰雪消融，春水泛漲，山花爛漫；夏天，九寨溝掩映在蒼翠欲滴的濃蔭之中，流水梳理著翠綠的樹枝與水草，銀簾般的瀑布抒發四季中最為恣意的激情；秋天是九寨溝最為燦爛的季節，五彩斑斕的紅葉、彩林倒映在明麗的湖水中，繽紛的落英在湖光流韻間漂浮；冬天，九寨溝變得尤為寧靜，尤為充滿詩情畫意，山巒與樹林銀裝素裹，瀑布與湖泊冰清玉潔，湖面的冰層在日出日落的溫差中，變幻著奇妙的冰紋。

九寨溝的湖泊很具特色，湖水碧藍澄澈，明麗見底，而且隨著光照變化、季節推移，呈現不同的色調與水韻。秀美的，玲瓏剔透；雄渾的，碧波不傾；平靜的，招人青睞。每當風平浪靜，藍天、白雲、遠山、近樹，倒映湖中，「魚游雲端，鳥翔海底」的奇特景色層出不窮，水上水下，虛實難辨，夢裡夢外，如幻如真。

九寨溝溝口至荷葉壩7000公尺處為九寨溝的序幕，林木蔥蘢，溪流歡唱，蘆葦叢生，鳥語花香。荷葉壩到樹正景區，空間頓開，奏起了景觀序列中的第一樂章。

金光燦燦的火花湖，多姿多采的盆景灘，神奇詭秘的臥龍湖，大小19個碧樹相繞、群瀑飛瀉的樹正群湖和樹正群瀑，原始水磨和小木橋點綴其間的樹正灘流和高25公尺、寬82公尺，似白練從空中降落的樹正瀑布，眾多瑰麗美景呈現在眼前，使人目不暇接，驚嘆大自然造景之神奇。

色彩絢麗的紅葉與銀光閃爍的雪山給人以強烈的視覺衝擊。

INFORMATION ○○○○○

◎ **Location** | 地理位置

位於四川省西北部的阿壩藏族羌族自治州境內的九寨溝縣中南部，距成都市區400多公里，與甘肅省接壤。因溝內有荷葉、樹正、則查窪等9座藏族村寨而得名。溝內有大大小小118個高山湖泊，它們星羅棋布地點綴其中。

◎ **Climate** | 氣候特徵

屬高原濕潤氣候，山頂終年積雪。春天氣溫較低而且變化較大，平均氣溫多在9～18℃之間。夏季氣溫回升且較穩定，平均氣溫19～22℃。秋季氣候宜人，但晝夜溫差很大。冬季較寒冷，氣溫多在0℃左右。九寨溝降雨較少且多集中在7～8月。

◎ **Best Time** | 旅遊時機

☀ 5～10月。

從樹正景區上行為清澈透明、水面寬闊的犀牛湖，給人以美麗而寧靜的感受。過了犀牛湖，寬闊的諾日朗瀑布似懸掛於綠色樹林中的白色幕簾，展開了樂曲的精彩華段。四周群山環抱，雪峰皚皚，森林茂密，壯觀奇麗。鏡湖水平如鏡，藍天、雪峰、遠山、近樹盡納湖中，景色奇幻。五花海的湖水最為豔麗，五彩斑爛，似色彩鮮豔、變幻莫測的萬花筒。五彩池池水翠藍，猶似鑲嵌於墨綠色森林中的瑰麗寶石。天鵝海和草海的碧水、清溪、草灘、鮮花在岩壁和森林的映襯下，更顯得原始、自然、幽深、寧靜，置身其中，如入「仙境」。這是樂章中的高潮。

在九寨溝裡，沿著水流步行是一種無與倫比的美妙享受。從皚皚的積雪到淙淙的溪水，從紛亂的瀑布到靜守的湖泊，無論多麼清純的溪流走的也是如大江大河一樣坎坷的生命之路，在九寨溝，當你看見水穿林過灘悠悠地流來時，那種純淨的顏色會讓人心都醉了。

犀牛海是九寨溝內景色變化最多的海子，其倒影似幻似真，與天地、樹林連成一體，綿軟的水草只需輕輕抖動幾下腰身，就讓那藍和綠幻化出無限神秘。

九寨溝的水景形態極美，湖、瀑、灘、泉，異彩紛呈，收盡天下水景之美態。「五嶽歸來不看山，九寨歸來不看水」。九寨溝是一個真正的童話世界。

九寨溝的海子，碧藍澄澈，明麗見底。

五彩風情
西雙版納

野象、孔雀、竹樓、神秘的雨林、婀娜的傣家風情、月光下的鳳尾竹，還有那掩映在鳳尾竹下的莊嚴佛塔……這就是西雙版納，絢麗而又純淨。來到西雙版納，你會被一種莫名的震撼所俘獲，久久不能忘懷。

有人說，任何地方都有自己的色彩，色彩中沉浸著它的故事。

西雙版納，傣語意為「理想而神奇的樂土」。根據2000年中國第五次全國人口普查統計，在這片樂土上居住了40多個少數民族，除傣族外，這裡還聚居著哈尼、布朗、基諾、拉祜、伍、瑤族……他們的生活方式和奇特的風情，實在是一種誘惑。

每到週末，這些少數民族與傣族人一起肩挑或懷抱著一摞摞

的貨物到集市上換購。少女們腳穿半高跟皮鞋，身上大紅大綠，手中再舉把色彩鮮豔的遮陽傘。未婚的把烏黑長髮編成辮子，已婚的要歪盤著頭髮，在鬢角插一支散發著香味的鮮花。明快的鈴聲、五彩的服裝、精緻的佩飾，那時整個西雙版納在萬重青山綠水之間，便成為一片流動的鮮豔海洋，正如這裡四季不變的陽光，充盈著最明媚的色彩。如果非要歸屬一個顏色，就是溫柔甜美的橙色。

傣族是西雙版納人口最多的少數民族。精巧的竹樓、優美的孔雀舞、婀娜的傣族少女……一個夢幻之地的夢幻，是多少人前往西雙版納的情動之因。傣家人世世代代傍水而居，小溪兩旁，大河兩岸，湖沼周圍，一幢幢鱗次櫛比的傣家竹樓綠樹蓊鬱。當你跨進這竹樓湧綠、籬笆環環、村道如腸的地方，就彷彿跨進了另一個世界，許是村民貪戀寧靜的緣故，從古到今，他們始終與外界保持著一段距離，款款往來於田野、草地、果林、菜畦……他們連走路也都是小心翼翼的樣子，生怕驚擾了這片沃土神秘的夢。

西曆1月2日至4日是雲南西雙版納哈尼族的主要節日。節日期間，要進行哈尼族傳統的竹竿舞表演以及盪秋千、射弩等比賽。

有人說來西雙版納不到熱帶雨林，就不會知道樹木生長的無窮生機和渾然天成的奇趣。熱帶雨林是大自然精心打造的幽堡，毫無塵染的綠色，使人物我兩忘、情歸自然。雨林裡總有濃

不 可 不 看 的 地 方

1 look
勐侖熱帶植物園：
坐落在湄公河支流羅梭江心的葫蘆島上，占地9平方公里，規模相當壯觀，已有數千種奇花異樹在這裡安了家。植物園中囊括了幾乎所有的熱帶植物。

2 look
羅梭江：
洶湧澎湃的瀾滄江流經勐侖鎮和關累鎮匯成的一條多情的支流。這條河流進入美麗的西雙版納後，多在高山峽谷和熱帶雨林中穿行。由於逶迤在深山密林中，河床切割最深，人們便稱她為「綠野蛟龍」。

INFORMATION ·····

◎ **Location** ｜ **地理位置**

西雙版納風景名勝區位於雲南省南部，西雙版納傣族自治州境內，距昆明740公里。

◎ **Climate** ｜ **氣候特徵**

西雙版納屬熱帶雨林氣候，日照充足，雨量充沛。冬無寒潮大風，夏季無颱風暴雨。年均溫在21℃。

◎ **Best Time** ｜ **旅遊時機**

☀ 11月至次年的4月。

濃的霧氣，猶如露水一般，輕得像乳白色的薄紗，這就是傳說中的「霧露」。每當夜幕降臨至次日晨曦微露，雨林裡的霧露發出「沙沙沙」的響聲，一路由遠及近。彙集在葉片上的霧露順葉尖滴落，滴滴答答，猶如一場小雨。一株株參天巨樹拔地而起，直刺蒼穹，林中到處是藤樹相纏、盤根錯節、荊棘叢生的景象。高高的樹冠上，各類飛禽在不停啼叫，密林深處不時傳來陣陣猿

※ 具有濃郁民族風情的傣族村寨掩映在熱帶叢林中，在夜色下顯得靜謐而別具風情。

潑水節是傣族最隆重的節日。節日清晨，傣族男女老少都穿上節日盛裝。在傣族人看來，水是聖潔、美好、光明的象徵。潑水的習俗實際上已成為人們相互祝福的一種形式。

鳴。漫步林間，多年積下來的落葉，鬆軟而芬芳，腳踏上去，便是深深的陷窩。炙熱的陽光一改常態，穿過疏密相間的枝葉點滴漏下，在地面留下了斑駁的圓暈。

此時的西雙版納是綠色的，行走在其間，濃濃鬱鬱的蒼翠讓你分不清哪是天空哪是遠方，連自己也醉在了這蒼茫中。那一片片傣家竹樓、哈尼山寨、布朗村落、基諾長房……就掩映在這蒼翠欲滴的綠色之中。

夜晚，輪廓模糊的山巒，溫馨玉立的竹樓，婀娜多姿的植物浸泡著清亮的月光，村寨夢一樣飄在水上，此時西雙版納是銀白色的，清新純淨，又不失古樸。

離泰國、緬甸很近的西雙版納充滿了佛風，古老而巨大的菩提樹下，有一座莊嚴而精美的佛寺，金光閃閃，幡簾飄拂。陣陣花兒的幽香隨風送來。佛塔寺廟與傣家竹樓、翠竹、古木交相掩映，一派神聖景象。

乘坐竹筏漂流在瀾滄江上，江面忽而寬闊平靜、忽而激流洶湧，排頭的傣家小夥子與排尾的小姑娘對著情歌。這邊「有一個美麗的地方，傣族人民在這裡生長……」那邊「有一個美麗的地方，那裡彩雲在飄蕩……」青山蔥蘢，綠水悠然。

西雙版納的色彩沒有功利、沒有浮躁，經歷了世俗風塵浸染的都市中人，置身於這樣的色彩中，會驀然發現——純真依舊。

氤氳的水墨

陽朔

非去不可的理由

陽朔的時光是悠閒的。陽光下，百年的青石板路上，不同膚色的人，懷著相同的夢想走到這裡，享用這份特有的悠閒。沿著小巷矗立著一排排青磚老房，長滿青苔的青黑瓦片上透露出歲月的流逝。

一個人的旅行是孤單的，可陽朔不同，陽朔是一個製造夢幻的地方，是一個每個角落都彌漫著故事和情事的聖地。陽朔歡迎隻身前往，來到一個與現實生活不相干的世界，任你做你想成為的主角。在那裡你不一定有豔遇，但是一定會沉醉於它的閒散，流連於它的浪漫，忘情在山水之間。

由於這千年古鎮是如此的安寧祥和、無欲無求，怪不得當年徐悲鴻老先生會在這裡留下「在那美麗的山水之間有一桃源深處」的感慨。騎上單車，穿梭在古鎮中，在精緻的岩石情懷中，小路蜿蜒向前，綠色的山巒重重疊疊，擔心沒有盡頭時，便會柳暗花明又一村。在這裡，只想放歌，讓歌聲飄在天際。平日種種壓力與不快，這個時候都逃之夭夭了。路邊一架巨大的水轉筒車，吱吱呀呀地搖著歲月，也吟唱著鄉村古老的歌謠。遠方群山滴翠，村樹含煙，阡陌縱橫，屋宇錯落，宛若陶淵明筆下「有良

田美池桑竹之屬」的桃源畫境。

　　陽朔境內的灘江是最美的一段風景，來到這可要極力張望，張望這畫家筆下最愛的景致。群山靜靜地佇立，悠然地吮吸著清澈碧透的江水；陡壁上兩隻蝙蝠展翅欲飛翔，旁邊一朵碧蓮盡情綻放……奇峰間怪石嶙峋，溶洞高懸，暗河幽深，叫人嘆為觀止，真可謂百里灘江，百里畫廊。

　　「錦石奇峰次第開，清江碧溜百千回。問余半月行何事，日讀天然畫本來。」陽光透過白雲的遮擋照到原本一色的山上，便生出許多層次來，層層變換的山色又折射到水面上，再映到人的眼底。佇足的人便醉了，身軀也溶入山水畫卷中，久久不忍離去。江水是碧綠的顏色，坐在江邊便覺清爽。江面雖然寬，水流卻不急，彷彿也感染了這裡的閒散氣氛，絆住了腳，不忍向前了。傍晚如詩如畫的灘江生起了一層水霧，薄紗般籠罩在江面，氤氳水氣讓人彷彿置身仙境。

　　躺於竹筏上，隨心漂流在灘江，水清澈透亮，魚兒閒游，竹筏飄搖。微風拂過水面，泛起陣陣漣漪，兩岸山峰清秀迤邐，綠

灘江畔的漁民和他們飼養的魚鷹。

桂林龍勝梯田，如鏈似帶，從山腳盤繞到山頂。

草如茵，陣陣鳥鳴，少有人煙，心會像一隻「久在樊籠裡，復得返自然」的小鳥一般愜意和歡欣。盡情享受寧靜的河流，享受牧歌般的田園，享受時間似乎停滯了的感覺，偶爾沖下小水壩，讓你平靜中也有歡笑。大自然清新博大的懷抱會使人塵慮盡滌，俗念頓消。

有人說陽朔山水在興坪，興坪漁村灕江環繞，青瓦泥牆，竹籬菜畦，雞犬之聲清晰可聞。不時可見三三兩兩的浣衣女手持棒

不可不看的地方

1 look
黃布倒影：
　　昔日江底黃沙沉積，像塊大大的黃布鋪在河床上，所以叫「黃布倒影」。此景頗負盛名，中國駐聯合國總部大使館掛著代表中國自然景觀的巨畫就是「黃布倒影」。

2 look
興坪：
　　一個名副其實的古鎮，光潔的青石板路、唐宋戲台、明清建築、熙平縣遺址、神廟廢墟等，向人們展現興坪古鎮深厚的歷史文化底蘊。

槌在青石板上敲出古老的韻律。田間的農人赤腳穿行在阡陌中，頑皮的兒童嬉鬧在屋前的空地上，江面隱約可見捕魚的竹筏，飄然往來，更有捕魚的老翁，叼一管煙斗，悠悠坐在竹筏上，在雲影中隨波逐流。搬一方小凳坐到絲瓜藤下，空氣中彌漫著柚子的清香，心情是晃晃悠悠的，孤寂的靈魂終於在此刻得到了寧靜與解脫。

陽朔不大，一條西街詮釋著陽朔的別樣風情。西街不過是最傳統的南國小鎮街道，從這頭到那頭不過517公尺，地上鋪的石塊已經有很久的歷史了。西街已經成為一個傳奇，外國人成群結隊地來這裡尋找最古老的中國，而中國人來這兒卻以為出了國。沿街的各色酒吧滿街滿牆都是關於中國的英文書、洋人畫的壁畫、手工的簪子、迷人的藍調、純粹的中國茶、地道的藍山咖啡⋯⋯在那裡每天、每天都發生著浪漫的邂逅。

山水相依的纏綿悱惻在陽朔發揮到了極致，忘情山水中如果累了，到西街隨便找個酒吧在角落坐定，要杯咖啡，與案邊的雜誌一同丟給陽朔的時光。陽朔歡迎你隻身前往，只是別忘了把心帶走。

INFORMATION

◎ Location ｜ 地理位置

陽朔位於廣西壯族自治區東北部，桂林市區南面，屬桂林市管轄。縣城距桂林市區65公里。建縣始於隋朝，距今已1400餘年。全縣總面積1428平方公里。

◎ Climate ｜ 氣候特徵

陽朔氣候屬於亞熱帶季風區，年均溫為19℃，日照充足，雨量充沛，年平均降雨量1640毫米。

◎ Best Time ｜ 旅遊時機

☀ 四季均可，尤以4月、9月為佳。

🌸 陽朔興坪大河背的灘江灣，江似青羅帶，山如碧玉簪。

23

水光山色兩相宜

西湖

非去不可的理由 → →

　　西湖的美麗是柔弱的，不然蘇東坡也不會把它比做淡妝濃抹總相宜的西子。西湖猶如一個溫婉的女子，柔弱而安定地包容著世間的一切。西湖的美麗是純淨的，就像一位素面女子，不需要雕飾，清新天然就已然勝過萬種風情。

　　只因山與水的結合，歷史上眾多的文人墨客便醉在了西湖的懷中。

　　山是青翠的，水是溫婉的，西湖的山和水相濡以沫，水在山中，山在水中。西湖中的綠水，波平如鏡。環湖的綠蔭叢中，隱現著數不清的樓台亭榭，近處水波潋灩，遊船點點，鶯飛草長，蘇白兩堤，桃柳夾岸，林泉幽美。遠處是雲山逶迤，霧靄漫漫，

青黛含翠，峰奇石秀。在這種美景之下，在湖畔捧一杯龍井茶，悠悠地欣賞著美麗的湖、湖上的橋、橋上的人……這份閒情和愜意豈是別處可以尋得？「未能拋得杭州去，一半勾留是此湖」，不論是多年居住在這裡的人還是匆匆擦肩而過的旅人，無不為這天下無雙的美景所傾倒。

西湖之美，自古難言，深得西湖之真諦的蘇東坡亦言：「西湖天下景，遊者無愚賢，深淺隨所得，心知口難傳。」欲領略西湖之美，唯「品」之才能得其一二。「品」西湖需多角度方可解其神韻：平望、鳥瞰、遠眺，岸邊、橋上、亭中、台前、樓下。西湖十景是不能不遊的，十景分別是：斷橋殘雪、蘇堤春曉、三潭印月、曲苑風荷、平湖秋月、柳浪聞鶯、花港觀魚、雷峰夕照、雙峰插雲、南屏晚鐘。十景各擅其勝，組合在一起又能代表古代西湖勝景精華，半醉煙波之間，一片水波瀲灩之景，可謂：「岸上湖中各自奇，山觴水酌兩相宜。只言遊舫渾如畫，身在畫中原不知。」

西湖的美在於晴中見瀲灩，雨中顯空濛。無論晴陰雨雪，在落霞、煙霧下都能成景；春日裡煙柳籠紗，夏日裡接天蓮碧的荷花，秋夜中浸透月光的三潭，冬雪後疏影橫斜的紅梅。西湖四季

西湖湧金門，銅牛臥於水中，岸邊楊柳依依，湖水清澈蕩漾。

不可不看的地方

1 look
蘇堤：
　　為蘇東坡所建，橫貫西湖南北。南北兩頭分別是「曲院風荷」與「花港觀魚」。堤上有石拱橋6座。每當晨光初啟，宿霧如煙，湖面騰起薄霧時，便出現「六橋煙柳」的優美風景，是錢塘十景之一。

2 look
斷橋：
　　今位於白堤東端。在西湖古今諸多大小橋梁中，此橋因白娘子和許仙而名聲最大。「斷橋殘雪」為西湖觀景中的極品。

　　風光各有山容水意，韻味無窮，無論你在何時來，都會領略到不同尋常的風采。

　　作家莫小米說，遊玩西湖最棒的玩法是從樓外樓租上一艘小船，指點船夫不走大道，偏鑽水巷，那西湖景象才讓人有茅塞頓開的感覺。這會讓一個土生土長的杭州人都驚呼，這是西湖嗎？

湖中央的蘆葦叢中，水鳥棲息，野趣橫生；遠眺可見村落粉牆黛瓦，竹林青影婆娑，儼然一幅江南水墨山水畫。滄桑歲月留下了恬靜和諧，身邊遊人不多，只聞得鳥飛鶯啼。

　　西湖最經典之處當屬三堤之間。白堤古典，蘇堤浪漫，楊公堤幽靜。踏青來到白堤、蘇堤，漫步走在岸邊的小路上，沿岸盛開的桃花和剛吐嫩芽的垂柳，微風吹拂著你的鬢髮，

✿ 西湖十景之一的雷峰夕照。

陰翳搖曳之間，隱現的湖水和遠山跌宕起伏、相映成畫。越孤山望斷橋，湖光山色遊人如織。楊公堤，則有濃郁的濕地風情，兩岸都是粗大的梧桐。在堤的西側，沿著西湖，蔽日的水杉與松木鬱鬱蔥蔥，松鼠在林間靈動地穿行，離楊公堤不遠，就是恍若仙境的茅家坪，幾處農家，一灣小湖，本地的人家在陰涼下悠閒品茗，世間的煩惱，已然遺忘。

西湖之美，離不開白居易，離不開蘇東坡，離不開辛棄疾與岳飛……西湖之名，固然有美景的緣故，更離不開西湖的歷史文化。

隨步可見的景色傳遞著歲月光陰，波光倒影著歷史變遷。范蠡功成名就，載西子泛舟五湖是多少人夢寐以求的至高境界。這裡為各色文人提供了一個傾吐塊壘的絕佳場地，成為了自古文人抒胸臆、訴別離、傷不遇、發牢騷的鍾情之地。倒是如此佳境，隱士高人誰曾想過離開？

西湖是愛情的天堂，一段白娘子與許仙的情愫成就了這裡的浪漫與多情。在這裡，你可以執愛人之手在蘇堤上散步，楊柳婆娑，一起等待日出守候夕陽，可以一起坐在湖濱花園聽清幽婉麗的越劇小調，可以一起見證花開花謝至藤蔓失語。這樣地走著，與西湖那一個個流傳千古的傳說一起沉於歷史，變作永恆。

❀早春的西湖，在煙雨中顯得格外秀美，讓人不由得聯想起古代詩人對其「淡妝濃抹總相宜」的讚譽之詞。

INFORMATION ○○○○○

◎ Location　│地理位置

西湖位於杭州市區西面，南北長3.2公里，東西寬2.8公里，總面積5.6平方公里。西湖三面環山，湖中白堤、蘇堤橫互，把全湖隔為外湖、北里湖、岳湖、西里湖和小南湖5個部分。

◎ Climate　│氣候特徵

屬亞熱帶氣候，溫暖濕潤，四季分明，光照充足，雨量豐沛。

◎ Best Time　│旅遊時機

☀ 3～4月。

難以言說的溫柔情懷

洱海

非去不可的理由

　　洱海宛如一輪新月，靜靜地依臥在蒼山和大理壩子之間，蒼山環著洱海，洱海枕著蒼山，形成天然的蒼洱風光。山水相依，空靈的氣韻，恰如不施脂粉的素面女子，無法掩其風華麗質，任哪個丹青妙手也難以描繪得出一絲半分的。

───────✦───────

　　有人說，「洱海從任何角度看都是風景。」巡遊洱海，島嶼、岩穴、湖沼、沙洲、林木、村舍，每時每刻都保持著迷人的風韻和色彩。它不僅有三島、四海、五湖、九曲之勝，還有三塔倒影、九孔石橋、玉友戲水、金梭煙雲、海鏡開天、嵐靄普陀等美妙奇觀。

　　洱海是一個風光明媚的高原淡水湖泊，它兩頭窄，中間寬，

略彎曲，形如人的耳朵而得名。湖水透明，清澈如鏡，被人們稱為玉洱。傳說在洱海底生長著一棵碩大無比的玉白菜，這碧波盈盈的湖水，就是一滴滴從玉白菜的心底沁泄出來的玉液。

眺望湖面，只見一個個孤島分列水際，陡峭的岩崖壁立，湖沼、沙洲、林木、村舍錯落散布，無不令人神思飛蕩，遐想聯翩。極目洱海深處，雲水相接，天水渾然一體，不知名的水鳥不時地掠過水面，飛向洱海邊的白族村寨，真是船在碧波漂，人在畫中遊。

有人說洱海是風花雪月之地，此處的風花雪月不同於別處，只是風、花、雪、月，當地白族人民有一首世世代代傳誦的謎語詩，詩曰：

　　蟲入鳳窩不見鳥（風），七人頭上長青草（花）；
　　細雨下在橫山上（雪），半個朋友不見了（月）。
　　詼諧幽默的謎語充滿了白族人的智慧，更透露著他們對洱海的溺愛。

※ 碧藍的天空，明鏡的湖泊，倒映的白塔，猶如仙境一般。

不 可 不 看 的 地 方

 look

1 >> 洱海公園
在大理市洱河南路向東約1公里處，距市區新橋約2.5公里，是大理風景名勝之一。洱海公園，曾是南詔皇家之養鹿場。洱海公園是觀賞「蒼山洱海」景色的好處所。

2 look >> 金梭島：
位於洱海東部，四面臨水，四周多懸崖陡壁，中部低而南北偏高，形似一只織布的梭子，故名金梭島。此處是遊客觀山看海、采風懷古、垂釣蕩舟、登山旅遊和度假的理想地點。

位於中國雲南省西部的蒼山東麓，以湖形如耳、風浪大如海而得名。湖泊水位為1925公尺左右，北起洱源縣江尾鄉，南止於大理市下關鎮，形如一彎新月。南北長40.5公里，東西寬3～9公里，面積246平方公里，平均水深12～15公尺，最深處達21.6公尺，屬瀾滄江水系。

洱海地區氣候溫和，最高氣溫為34℃，最低氣溫為-2.3℃，湖水不結冰。年平均降水量1000～1200毫米。

☀ 四季如春，四季都可。

洱海的風很大，綿綿不絕地吹皺了洱海一重又一重碎碎的波浪，又引來了三五隻海鷗追逐著翻卷的浪花，「海鷗飛處彩雲飛」，洱海上空的雲團像棉絮般飄得好慢，靜靜的讓人誤以為是流連於水中的倒影而不忍離去！

風是從下關吹來的，一路毫無阻擋，直吹得上關的蓮花都無奈地跑到了大理蒼山雲弄峰之麓，躲到了樹上，鋪滿了那片山峰。

每個地方都有一輪明月，而月亮愛上了洱海。明代詩人馮時可《滇西記略》說洱海之奇在於「日月與星，比別處倍大而更明」。洱海的夜幕很低很低，湖面上一道浮銀搖金的璀璨光亮，從眼前延伸到天邊，月亮彷彿是剛從洱海中浴出，清輝燦燦，格外的大，格外的明，格外的圓。

在洱海最南端的團山有一座洱海公園，是觀賞「蒼山洱海」景色的好處所。百里洱海奔來眼底，下關風吹拂起衣襟，到洱海不動情者少矣。那一刻，你會感覺到自己靜若處子，心裡有一種如釋重負般的輕鬆與超脫，那一刻想就在此安居吧，不然自己只是這風花雪月的過客，離去難以割捨。

洱海上散落的小島也是佳境，金梭島、南詔風情島、小普陀……這些孤島上都有白族漁村。50年代著名的電影《五朵金花》就是反映這裡的生活。島上，別緻的民居錯落有致地排列著，儘管在海岸和島上有他們的房舍，但他們仍習慣於全家老小一塊兒生活在船上，一年到頭過著漂泊的生活，可謂為「水上人家」。然而，他們熱愛生活，自得其樂，一點也不感到寂寞。

島上的沙灘潔淨而舒適，坐在上面醉在這洱海的情瀾裡，軟軟地看山、看雲、看海、看漁女，難以言說的溫柔情懷就這樣散在了洱海柔柔的風聲裡。

又見香格里拉

→ **稻城**

稻城北高南低，西高東低，群山起伏，層巒疊嶂，逶迤蒼莽。山脊河谷相間，形成既有終年積雪的高海拔山嶺，又有幽深詭秘的低海拔河谷，還有寬闊的草場、潺潺的溪流，景色變幻多姿，十分迷人。

INFORMATION °°°°°

◎ **Location** | 地理位置

　　稻城縣位於四川西南邊緣,甘孜藏族自治州南部。稻城東南與涼山州木里縣接壤,西界鄉城縣並與雲南省香格里拉縣毗鄰,北連甘孜州理塘縣。稻城高原是由橫斷山系的貢嘎雪山和海子山組成。兩大山脈坐落南北,約占全縣面積的1/3。

◎ **Climate** | 氣候特徵

　　稻城景區屬高原季風氣候,一年中,絕大多數時間天氣晴朗,陽光明媚。高山峽谷地帶,年均溫11.5～12.8℃,高原地帶最冷月平均氣溫-5℃以下,最熱月平均氣溫10～12.1℃。

◎ **Best Time** | 旅遊時機

☀ 每年5～10月。

　　稻城具有典型的藏鄉風情。早上起來,晨霧裡群山起伏,美麗的稻城河從縣城外蜿蜒流過,河灘上一排排白楊被秋風染黃了葉子,在太陽底下閃著金光;沿河從縣城到桑堆鄉一路的河灘旁,布滿了紅色的沼澤;炊煙飄起的牧場上,犛牛在靜靜吃草。純淨的藍天、飛過白雲間的蒼鷹、風格獨特的藏鄉建築、波光粼粼的小河……是多麼美的一幅油畫,這不正是人們歸隱田園的夢想天堂嗎?

　　稻城的北部為高原寬谷區。其中的海子山為青藏高原最大的古冰體遺跡,素有「稻城古冰帽」之稱。其冰蝕地形發育完全,是研究第四紀冰川地貌的重要基地。中部為山原區,包括波瓦山和赤土河。赤土河清澈秀麗,群魚穿梭。波瓦山山勢雄偉,四季景色分明:冬日白雪皚皚,春夏杜鵑遍開,秋天紅葉似火。南部為高山峽谷區,有俄初山和冬義河。俄初山高峻而益顯巍峨,挺拔卻不失俊俏,像一位美貌仙子端坐雲霄。俄初山的秋色最令人陶醉:紅的嬌豔,黃的明麗,綠的柔和,五彩繽紛,漫山遍野。冬義河則如一匹駿馬自俄初山飛馳而下,直至天的盡頭。

　　而提起稻城,就不能不提到亞丁。與香格里拉風格迥異的藏民住宅,全用石塊砌成,古樸而莊嚴;見飛馳而過的汽車,小朋友都會給一個端端正正的少先隊禮;草甸上有潔白的羊群,美麗

🌸稻城的兒童,有著與這裡的天空一樣純淨的面容。

的牧羊姑娘總會向你揮手微笑；雲遮霧繞的漫漫雪山；藍天下秋
色染黃的森林……稻城亞丁如詩似畫的美景，甘孜地區藏族人的
純美，真是讓人難忘。

牛場是一片平坦的草場沼
澤，如展翅雄鷹般的央邁勇峰
倒映在碧藍的一汪水裡。拴好
馬，從這裡開始向牛奶海和五
色海進發。行過峽谷灌木林，
涉過溪流沼澤，在難以言喻的
壯美風光的山路上攀登。當你
登上高山，兩個藍得聖潔無比
的海子終於撲入視野時，那種
感動是無法用言語表達的……

在晨昏的雲霧裡像仙子出
浴般的雪峰，蒸騰著岫煙的森
林，霞光裡雪山閃耀的金輝，
山彎谷地上層層疊疊、五彩斑

稻城村落俯瞰。

爛的紅黃綠相雜的樹木，倒映在雪峰的碧澄的海子中，草甸上，
木屋旁悠閒的牛羊，還有穿梭於草甸林間的潺潺溪流，山嵐裡飄
著趕馬人的藏歌，讓你恍如置身仙境之中，忘了歸處。

不 可 不 看 的 地 方

 look

>> 海子山景區：

以「稻城古冰帽」著
稱於世，是喜馬拉雅造山運
動留給人類的古冰體遺跡。
海拔3600～5020公尺，極目
遠眺，天地浩瀚無垠，亂石
鋪天蓋地，撼人心魄。1145
個高山湖泊散落於嶙峋亂石
間，碧藍如玉，景色極為壯
觀。

 look

>> 亞丁自然保護區：

其內聳立著三座聖潔美
麗的雪峰，其峰名相傳為五世
達賴所封：北峰仙乃日，意為
觀世音菩薩；南峰央邁勇，意
為文殊菩薩；東峰夏諾多吉，
意為金剛手菩薩。仙乃日、央
邁勇、夏諾多吉，這三座山呈
「品」字形排列，被當地藏
民視之為神山，參拜者絡繹不
絕，成為藏區信教群眾朝拜的
聖地。

不可不看
的地方

中國最美的鄉村

婺源

非去不可的理由

八分半山一分田，半分水路與莊園。婺源的景色有江南水鄉的秀美，有英倫田園的閒適，更有中國山水的淡雅，被稱為「中國最美的鄉村」，如果世界上真的有世外桃源的話，那它一定就在婺源。

婺源其含義為水中靜女，景如其名，安靜古樸的村落靜靜地躺在群山的懷抱中。晴朗的天空，乾淨的村落，幽幽的青石板，高高低低的樹，曲曲彎彎的河，零零落落的村，純淨得不含一絲雜質，透明如水晶。淡淡炊煙籠罩的馬頭牆、山間梯田抽象的線條、暮色中騎在牛背上的村童、幽靜的孤舟野渡、倒映在清澈山

潤裡的火紅楓葉……不由得讓人陡然間心靜如水，恍若隔世！正如朱熹所詠婺源山水：「煙波一棹知何處，鷓鴣兩山相對鳴。」

　　青石板鋪就的地板在腳下移動，儘管承載了多年的重荷與生命，仍看不出絲毫的不耐與困倦。因水網而沉澱縈繞的水氣在周圍流動。千年中，婺源以它獨特的方式過著每一天：街上充斥著小販們誘惑力十足的叫賣聲；小孩們放學回來在巷子裡追逐打鬧；幹完粗活的勞工爭搶著在雙井旁沖涼以沖淡這灼人的酷熱；張二嬸在冬暖夏涼的福地等著當家的回家，一邊等一邊捶洗著全家的衣服，嘴角滿足地輕輕向上揚著；李家姑娘無力而幽怨地輕倚著美人靠，眼波盈盈地看著遠方山色；牧童輕搖著手中的鞭子，唱著漁歌繞過一個又一個山澗……就這樣，婺源凝望著這亙古不變的一天又一天獨自微笑。

婺源最著名的油菜花田，使這裡擁有「中國最美的鄉村」的美稱。

　　如果一個地方只有一個季節是美的，那它還遠未夠境界，就像一個只能拍攝側面而不能全面欣賞的美女，但在婺源則不必有此憂慮。春可閱芳菲五色，夏可探清幽奇洞，秋可賞紅葉爛漫，冬可訪遠黛含煙……四季景色變換，美不勝收。

INFORMATION ○○○○○

◎ Location ｜ 地理位置

　　婺源位於江西省東北部，縣域面積2947平方公里。東距浙江衢州150公里，南距上饒150公里，西距景德鎮80公里，北距黃山120公里，正好處於黃山、廬山、三清山和景德鎮旅遊金三角區域，擁有高達81.5%的森林覆蓋率，古為文風鼎盛之所，今為鑲嵌在贛、浙、皖三省交界處的一顆綠色明珠。

◎ Climate ｜ 氣候特徵

　　屬亞熱帶東南季風氣候，溫暖濕潤，年均溫為16.7℃。

◎ Best Time ｜ 旅遊時機

☀ 四季均可，尤以春天為佳。

 從河上遙望遠處
的村落，婺源在薄
霧中更顯現出一種
與眾不同的溫婉。

「五嶽歸來不看山，九寨歸來不看水，婺源歸來不看村！」
從婺源回來的人都會告訴你這句話。鱗次櫛比的徽式古建築，粉
牆黛瓦，或隱現在翠林青山間，或倒映於清溪湖面。直可讓人領
略小橋流水人家那天人合一、反璞歸真的意境！

除卻這醉人的風光，婺源還有「江南曲阜，山裡書鄉」的美
譽。宋代以來，文人雅士多相聚於婺源，婺源更是出了文學家朱
弁、理學家朱熹、篆刻家何震、鐵路工程專家詹天佑等名人。朱
老夫子一生恪守禮節，面對著潑墨式的畫面想來也是難以自持，
才思泉湧，留下了不少名句。在婺源，可以領略徽劇的典雅韻
味，欣賞「舞蹈活化石」儺舞的原始粗獷，品味幾經回轉的茶道
表演。抿一口清茶，也就忘卻身在何處了。

來婺源，可分東、西、北三條路線行走。實際上，婺源正應
了那句老話：「在徽州，隨便找個村莊扎進去就可以了。」如果
說婺源是世外桃源，那麼東線的曉起是最好的詮釋。「古樹高低

屋，斜陽遠近山，林梢煙似帶，村外水如環」，這是前人對曉起的描繪。古樸典雅的明清民居、曲折寧靜的街巷、青石鋪就的驛道、遮天蔽地的古樹、盛開時節整片的花海，所有婺源引以為豪的特色都能在曉起找到它的影子。一條小溪靜靜在村中流淌，沿溪多為明清府第：明代工部尚書余懋學「尚書府第」、明代吏部尚書余懋衡「天官上卿府第」、明代廣州知府余自怡修建的「司馬第」和「駕睦堂」……歷史在這裡凝結。這裡還有徽州民居典範——延村。匠心獨具的石雕、磚雕、木雕，構思奇特，倘徉其間，有如置身於藝術的海洋，令人如癡如醉，深深讚嘆古徽州建築文化韻味之精緻。婺源的村落是原生態的保留，有著歷史發展的真實性和完整性。

婺源的清晨格外寧靜，青山和田野沉浸在薄紗般的曙光中，羞澀的雲朵在清澈的溪水中靜靜流淌。四周散發著花草的清香，偶爾從遠處傳來嬌嫩欲滴的鳥鳴聲。大多數人們還沉浸於夢中，勤勞的村婦卻已早早在溪邊淘洗著衣物；這當兒，一群雪白的鴨子嘎嘎地游過，搖曳出長長的波紋，顫動著水中馬頭牆的倒影……

那一刻，一切都定格在這裡。

❀ 安靜的村落，潺潺的溪水，婺源的每一個角落都彌漫著它獨有的芬芳氣息。

不 可 不 看 的 地 方

look
曉起：
位於婺源縣城東北45公里的溪河交合處，有上、下曉起之分，是清代兩淮鹽務使江人鏡故里。主要景點有古樟、雙井印月、濯台煥影等，是婺源景色的代表。

look
理坑村：
村落嵌於錦峰秀嶺之中，一條小溪靜靜在村中流淌，沿溪多為明清府第。村口有一座名為「理源橋」的廊橋，有濃郁的文化氣息。

靈魂遠行之地
伊犁

非去不可的理由 →→

伊犁不論從空中俯瞰還是坐車穿行，都有數不盡的美闖入眼簾，那美，是一種野曠的美、樸素的美、寧靜的美、原生態的美。尤其是那不斷翻滾的綠色，一直伸展，在綿延中跌宕起伏。

有一種詩意叫做遼闊，有一種意境叫做悠遠。在新疆伊犁面前，語言變得蒼白。新疆有很多地方或以風光取勝，或以歷史聞名。風光因之而嫵媚，歷史因之而深邃，似乎兩者不可兼得。但

是，伊犁這個鍾靈毓秀之地，偏偏將兩者集於一身。

　　伊犁的草原之美與別處不同，逶迤穿行於天山西部的喀什河、鞏乃斯河、特克斯河，狀如輻射的山脈，環繞分隔，孕育了伊犁的草原。誰也說不清伊犁到底有多少草原，但是有4個草原是到伊犁必須要去的地方。這4個草原分別是那拉提草原、鞏乃斯草原、昭蘇草原、唐布拉草原。

　　隱居在天山峽谷的唐布拉草原，以溝聞名，100多公里的地方有113條溝，溝溝都藏有奇景異觀。

　　昭蘇草原儘管海拔兩三千尺以上，但是它並沒有位居山頂，而是緊緊依偎在高山的懷抱。巍峨的山體、散漫的雲杉、金黃的油菜花、星星點點的氈房、奔馳的駿馬……山因草原而俊朗，草原因山而清高。昭蘇草原未必廣袤，卻是靈動之地。

　　鞏乃斯草原高傲地仰躺在天山之上，與雪峰雄鷹為伴，藍天白雲近在咫尺，這是一種難得的體驗。在草原上可以傲視群山和峽谷，可以與天對話，恍若天上宮闕。

　　如果非要在伊犁四大草原中評選最美之地，那桂冠一定屬於那拉提草原，它彷彿已經成為了伊犁草原的象徵。那拉提草原自古以來就是著名的牧場，仲春時節，草高花旺，碧茵似錦，遠處皚皚雪峰，銀裝素裹，在深藍色的天幕下愈發清澈奪目，茂盛的雲杉林彷彿一筆濃墨揮灑而成，遠遠望去，緊密得不透一絲縫

🌸 位於博樂市西南的賽里木湖，是新疆最大的高山湖泊。「賽里木」是哈薩克語，意為「美好的祝願」。賽里木湖兩岸的絕色風光，使這裡成為伊犁最令人神往的地方之一。

INFORMATION ○○○○○

◎ Location　　　　　　　｜地理位置

　　伊犁哈薩克自治州位於中國的西北邊陲、新疆西部，西面與哈薩克接壤。三面環山，西部開闊。

◎ Climate　　　　　　　｜氣候特徵

　　屬溫帶大陸性氣候，冷熱差異懸殊，寒暑變化劇烈，晝夜溫差大，乾旱少雨。春季多大風，日照時間長。

◎ Best Time　　　　　　｜旅遊時機

☀ 7～9月。

不可不看的地方

1 look
果子溝：
　　果子溝又名塔勒奇溝，因山溝內遍布野果子而得名。果子溝雄踞於天山西部的關隘之中，風光絕妙，古人稱為「奇絕仙境」或「萬花谷」。

2 look
賽里木湖：
　　位於博樂市西南的塔爾欽斯凱山區，面積450多平方公里，是新疆最大的高山湖泊。

🌸 生活在伊犁地區的哈薩克族牧民的帳篷前，掛滿了晾曬羊肉。

隙，濃濃的如墨玉一般。美景有很多種，可以讓人心曠神怡，可以讓人流連忘返，而那拉提的美是一種內斂、含蓄、甚至帶有些許隱忍的美。

　　每年6～8月，當薰衣草花期來臨的時候，伊犁園藝場好像穿上了紫色的外套，香味撲鼻的薰衣草在風中搖曳。這個時候租一輛自行車，在藍天、白雲和香風中，沿著田邊緩緩騎過，也許你就願意從此做一個花農或嫁一個花農了。

　　伊犁草原是山的草原，是雄鷹的草原，是駿馬的草原，更是水的草原。星星點點的湖泊就像散落的珍珠，閃耀在無盡的綠色中。「草葉上的雨滴，組成一串串流動的音符，聚成一條通向遠方的路。」

　　塞里木湖像一顆璀璨晶瑩的藍寶石，高懸於天山之間的盆地中。要不是能看見遠處雪山綿延，真會以為它是茫茫大海一望無垠，加之煙波微茫，使人頗能感覺到海的浩淼與深沉。湖中水質清澈湛藍，湖底的石頭能看得一清二楚。見過賽里木湖的人，無不詫異於它的藍。真是藍得動人心魄，藍得幽深，藍得神秘。叫人面對著它，只能發出驚嘆，而難以言語。已故著名作家汪曾祺就說，見到塞里木湖，顧不上有別的感覺，只覺得——真藍！

在伊犁阿勒泰深山密林中有個碩大的湖泊──喀納斯。喀納斯是蒙古語，意為「美麗富饒、神秘莫測」，喀納斯湖是亞洲唯一具有瑞士風光的湖泊。湖面碧波萬頃，群峰倒影，湖面還會隨著氣候和天氣的變化而時時變換顏色，是有名的「變色湖」。每至秋季，層林盡染，景色如畫。喀納斯湖有幾大奇觀：千尺枯木長堤、雨後喀納斯雲海、佛光……喀納斯湖會把你帶回童年，任是誰也抵擋不了，不由得在湖邊嬉耍起來。

伊犁是個包容之地，說到伊犁我們想到的是草原，可是伊犁卻把第一景的美譽給了果子溝。果子溝由峰頂至谷地，既有峭壁危崖之險、雲杉墨綠高山飛瀑之奇，更有果木成林香草馥郁、山花爛漫蜂飛蝶舞之美。一溝之內，同日可見四季景色。果子溝是伊犁物產豐盛的體現，吃著正宗的哈密瓜，採摘不知名的野果，怎一個爽字了得。

在伊犁旅行，是真正放逐靈魂的出遊。那一份特立獨行，那一份遺世獨立，來到伊犁才知道，原來仙境也可以出現在人間。

伊犁的那拉提草原是世界四大草原之一。這裡的亞高山草甸植物區，自古以來就是著名的牧場。

飛翔的伊甸園

扎龍

非去不可的理由

　　這片貌似渙散的濕地已經成為精靈不離不棄的聖地和家鄉。這裡不需要人煙。自由的空氣彌漫在扎龍的上空，飛翔的鳥兒在這裡歡唱。

　　溫潤的早春，應該讓心靈放飛，讓暢想的翅膀舒展，讓一年的好心情開始。去扎龍看鶴吧，這是一個不錯的選擇。

　　扎龍自然保護區占地2100平方公里，被譽為北國江南。藍天

白雲之下，碧水蒼穹，芳草連天；水外有水，水天一色。一望無際的蘆葦，綠野無邊，浩浩蕩蕩，撲天蓋地，煞是壯觀。湖泊星羅棋布，像一塊塊明鏡鑲嵌在無邊的翡翠之中。湖面上漂著大片大片的菱角花，靜靜地擁在幽綠的湖水中。水面氤氳著霧氣，搖著小船，漂蕩在花葉間，靜聽著遠處傳來陣陣野鴨和鶴的叫聲，偶有水鳥飛過，真是「此景只應天上有，醉入花海不思歸」。

扎龍為蒙古語，意為「牛羊的圈欄」。此地不見了牛羊，卻是鳥的天堂。我們無法得知氤氳的扎龍和這些美麗的精靈如何結緣的。那些白色的大鳥，究竟是在哪一年的一個溫暖的春日，如天上的白雲一般飄來，輕輕降落在碧綠的苔地上，然後輕歌曼舞、築巢產卵……

早上的陽光嵌在蘆葦上，嵌在湖邊兩隻美麗的白天鵝上。白天鵝一身潔白、一身高貴，昂揚起那修長優美的脖頸，是那樣的雍容華貴、從容不迫，在清澈的湖水中輕輕地、優雅地滑過，悄無聲息地在其身後留下兩道蕩漾波紋和漣漪，映在水中的倒影隨著波光搖曳。忽然，有幾隻灰褐色的鴻雁從蘆葦深處衝了出來，在湖水中追逐、嬉戲；這情景是那樣的與世無爭、無拘無束又那麼充滿了童趣。

扎龍國家級自然保護區「鶴唳雲天」雕塑。

INFORMATION

◎ Location | 地理位置

扎龍位於黑龍江松嫩平原烏裕爾河下游湖沼葦草地帶，占地2100平方公里，是中國目前面積最大的蘆葦沼澤濕地。西北距齊齊哈爾市30公里，是中國著名的珍貴水禽自然保護區，主要保護對象是丹頂鶴及其他野生珍禽，被譽為鳥和水禽的「天然樂園」。

◎ Climate | 氣候特徵

屬溫帶半濕潤大陸性季風氣候。四季特點十分明顯：春季乾旱多風，夏季炎熱多雨，秋季短暫霜早，冬季乾冷漫長。年均溫3.9℃，年平均降水量402.7毫米。

◎ Best Time | 旅遊時機

夏、秋兩季，最佳觀鳥時間是每年的4、5月或者7、8月。

不 可 不 看 的 地 方

look
>>1 龍泡子、大泡子、西溝子：
可以觀察到眾多的雁鴨類、秧雞類、鷗類等游禽及在近水草甸棲息的小涉禽。

look
>>2 九間房、大場子：
為蘆草沼澤景觀，可以觀賞到鷺類的群巢區和鶴、鸛等涉禽及沼澤猛禽。

🌸 扎龍晨曦中的丹頂鶴。牠們引頸向著朝陽，開始迎接新的一天。

從望鶴樓用高倍望遠鏡眺望四野，三五成群的丹頂鶴在蘆葦深處築巢，在仙鶴湖畔信步，在無際的原野漫舞，在蔚藍的長空翱翔。牠們無處不在，到處都有那曼妙的身姿、超脫的麗影。當牠們展翅騰飛，一道白亮光點閃起，飄飄然輕逸瀟灑，那仙風道骨的姿態，那超然脫俗般的氣質，妙不可言！

《詩經》曰：「鶴鳴於九皋，聲聞於天。」丹頂鶴總是群聲齊鳴，合演於美麗的風景中，吟唱天地，吟唱萬物……叫聲高亢嘹亮、婉轉動聽、聲震四野。正值熱戀中的年輕仙鶴，蘆葦蕩裡雙雙展翅翩翩起舞，那舞姿輕盈舒展，帶著豐富的感情色彩。若一隻突然挺胸昂頭準備鳴叫，另一隻必然「心有靈犀」，於是兩兩相對，同時朝著天空發出響徹雲霄的鶴鳴，同起同止，珠聯璧合。雙方對歌對舞，你來我往，甚為動人。丹頂鶴一旦婚配，相互忠貞不渝，形影不離，偕老至終。攜一生的伴侶來此，必有一生的收穫。大自然造就了獨特的扎龍，更造就了鶴鄉濕地上的神奇生靈。

扎龍是祥和之地，在自然的胸懷中，可以靜靜地欣賞和思索；可以聆聽那輕輕的風聲，呼吸那清新的空氣；可以嗅到蘆葦的氣息，還有那淡淡的野花的芬芳。

北方最後一片淨土

大興安嶺 >>>>>

非去不可的理由

　　大興安嶺沒有過多的色彩，猶如當地的居民一樣簡單；大
興安嶺的線條未必細膩，猶如北方的漢子一樣粗獷；大興安嶺
很少喧鬧，猶如天國般靜逸。聖潔的光芒籠罩著大興安嶺的一
草一木，浩瀚而博大，在那裡你可以蕩滌雜陳的心靈，回到生
命的原初。

　　黑色的土地，養育森林的茂密；清澈的河水，灌溉清淨的
林區，這裡常年有候鳥棲息，來到這裡，它的魅力會打開你的胸
懷，質樸的真實會敲打你的心靈。這裡，就是大興安嶺。
　　「巍巍興安嶺，積粹大森林。」大興安嶺的林地有730萬公

INFORMATION ○○○○○

◎ Location | **地理位置**

　　大興安嶺地區位於中國北部邊陲，是中國面積最大的林區。它東連綿延千里的小興安嶺，西依呼倫貝爾大草原，南達松嫩平原，北與俄羅斯隔江相望。

◎ Climate | **氣候特徵**

　　屬寒溫帶大陸性季風氣候，冬寒夏暖，晝夜溫差較大，年均溫-2.8℃，最低溫度-52.3℃。

◎ Best Time | **旅遊時機**

☀ 冬季。

頃，森林覆蓋率達74.1％，在浩瀚的綠色海洋中繁衍生息著寒溫帶馴鹿、駝鹿、梅花鹿、棕熊、紫貂、雪兔等各種珍禽異獸400餘種，野生植物1000餘種，是高緯度地區不可多得的野生動植物樂園。

　　大興安嶺一定是上帝的寵兒，不然為什麼會讓它攬春情、夏景、秋實、冬雪於一身，一年四季不失姝容呢？

　　春來到，那滿山遍野的沁人心脾的達子香（杜鵑花）像雲彩飄繞在山坡，斑斕的鳥雀在綠林中飛翔，鳴囀令人愜意；夏日，山風送爽，林莽飄香，水流潺潺，金色的野生罌粟花，粉色的野

　　在過去幾十年間，由於過度毀林開墾，使大興安嶺的南麓森林邊緣退縮了至少200公里。

玫瑰，純潔的百合，白色的珍珠梅，翠意欲滴的大森林，流香溢彩；深秋，層林盡染，一片殷紅，一片淡黃，一片翠綠；入冬，萬傾林海一片銀妝，山莽林野，茫茫蒼蒼，背上獵槍，坐著馬爬犁在雪山林海奔馳狩獵，別有一番情趣。

在大興安嶺，一定要去北極鄉。這個中國最北部的小鎮，每年夏季，白天會愈來愈長，晚上也相應地愈來愈短。夏至時節，晚霞與黎明同在，午夜如同白晝，戶外可讀書看報；在北極鄉上空的北面，經常出現絢麗多彩的北極光奇景。

大興安嶺最攝人心魄的是冬日的林木和奪目的白色。有人說冬日的大興安嶺是生命激揚的地方，高高的白樺樹和筆直的落葉松拚命接近蒼穹，陽光灑下來，落葉松立刻迸出來金子的光輝，白樺樹則搖曳著銀光。森林裡是寂靜的，沒有風，沒有鳥鳴，沒有什麼其他的樹，只有白樺的銀光，在松林的一片金海中泛起千堆萬疊的浪花。一切都好像離天近了，落葉松的梢尖橫掃著天空。白樺樹遒勁的樹幹倔強地生長著。無邊的蒼茫，時間也被征服了，人在那一刻是微不足道地渺小。

有人說如果世界上真的有天國，那一定是銀裝下的大興安嶺。白雪在大地上安眠，森林在雪地裡沉睡。白雪皚皚，無邊無際，測不出厚度。堆滿積雪的木屋和村落、嫋嫋娜娜的炊煙、黑色的森林、白色的小山、半埋在雪中的屋簷、銀光閃閃的雪坡，令人見之忘俗。

不 可 不 看 的 地 方

1 look
北極鄉：
位於中國最北端，有「金雞冠上之璀璨明珠」的美譽。中國最北部的邊陲小村，是中國觀賞極光和白夜勝景的最佳處。這裡可以遊覽神州北極碑、北陲哨兵、中國北極第一家等諸多景點。

2 look
胭脂溝：
胭脂溝，又稱老金溝。它全長14公里，是額木爾河的一條支流，以盛產黃金而聞名於世。

3 look
十八站鄂倫春民族村：
可以領略鄂倫春民族風情，體驗不同的生活。

大熊貓的天堂

臥龍

臥龍是一個成就百萬年絕世精靈的襁褓，一個成就名貴物種的搖籃，一個絕對自然「富貴」的保護區。臥龍是自然的、和諧的。在臥龍，你能在灌木叢生的原始森林尋找野生大熊貓的蹤跡，能與馴化的半放養大熊貓嬉戲、留影，能登上觀景台遠眺雲海和洞悉原始森林。

熊貓是具有靈性的寶貝，而牠的棲息地更有靈性，是聚集萬物的洞天福地，所以稱之為「臥龍」。臥龍位於四姑娘山東麓的皮條溝兩岸，皮條溝又名臥龍溝。來到臥龍，你會被它的神秘所征服，高峻的峰巒峭立雲天，幽深的峽谷縱橫交錯；迷霧漫步在

峰間，銀瀑飛懸於峭壁；終年的積雪在天際沉思，如茵的草地於雪線之下輕歌。「高山迎飛雪，蜂蝶植林間。天問今何時？禾苗百丈生。」上帝如此眷顧此地，一切瑰麗都不吝惜地給了臥龍。

原始、自然、粗獷、古樸，沒有任何人工修飾是臥龍的特點。臥龍自然保護區內河水水流湍急，一瀉千里，匯入綿江後經岷江流入長江。河流兩岸，峽峰對峙。河中岩石高達三四尺，矗立江心，經傾瀉的河水撞擊，激起朵朵浪花，猶如碎玉飛瓊。

臥龍一山有四季，十里不同天；迅速上升的海拔，使臥龍溝谷和峰頂宛如兩個世界；瞬息萬變的氣候，變幻無窮的景致，能夠讓你領略萬種風雲。春天，一片蒼翠碧綠，鳥語花香，處處顯示著勃勃生機，天上飛禽、地上走獸活躍在林間路旁；夏天，濃濃密霧，陣陣涼風，日出與雲海，使這裡的山、這裡的水顯得更加悠揚而神秘。草甸上到處盛開五彩繽紛、絢麗多姿的鮮花，景色賞心悅目；秋天，遍山的紅葉，如火如荼，滿目瑰麗斑斕，顯示出濃濃的秋韻，豐富的色彩層次頗具魅力。然而，臥龍最輝煌、最令人驚嘆的景觀是秋冬過渡時期的雪頂，金色的陽光輝映覆蓋著積雪的座座挺拔峻峭的山峰，使臥龍蒼茫雄渾的山脈更顯得無比雄奇壯麗；冬天，這裡白雪皚皚，冰柱林立，晶瑩剔透，潔白無瑕，到處是一片銀色世界。所以，春夏秋冬任何一個季節到臥龍旅遊，都可以盡情享受到大自然賦予的無窮樂趣。

INFORMATION ·····

◎ Location ｜ 地理位置

臥龍大熊貓自然保護區位於四川省阿壩藏族羌族自治州汶川縣境內，面積20萬公頃，距都江堰50多公里，距成都100多公里，是地球上僅存的幾處大熊貓棲息地之一，是中國重點自然保護區，並已列入世界「人與生物圈」保護區網。

◎ Climate ｜ 氣候特徵

屬高寒氣候和四川溫帶氣候的過渡地帶，氣候條件特殊。由於北、西、南三面環山，使保護區形成了一個半封閉的地形，冬季阻止了南下的寒流，夏季的東南季風則從東部進入，帶來了充沛的雨水。一年四季溫差不大，冬無嚴寒，夏無酷暑，年均溫4～5℃，年降雨量在1100毫米以上。

◎ Best Time ｜ 旅遊時機

☀ 四季均可。

不可不看的地方

1 look
蒙山：
「仙茶故鄉」，東距成都110公里，西距雅安15公里。山上層層疊疊的茶園，宛如滾滾碧浪；星星點點的寺觀亭宇，是鑲嵌在茂密林海間的珍寶。

2 look
碧峰峽：
距成都150公里。景區內峰巒疊嶂，雲霧彌漫、密林濃蔭。白練似的瀑布為寧靜的青山奏響清悠的樂章。景區內有白龍潭、青龍潭、金龍潭、疊溪、珠簾等瀑布。野鴨灘、淘金灘、石壺潭、養心潭、滲水棧道等景象沁人心脾。

亞熱帶的常綠闊葉林和落葉闊葉林、溫帶闊葉林、針葉混合林，寒溫帶的針葉林和高山草甸植被，在保護區內1150～4500公尺的地方，依序生長，成為臥龍自然風光的重要組成部分。

想不想成為英雄？臥龍給你一次機會——爬上英雄溝，你就是英雄。英雄溝溝口險峰峭立，迷霧漫山。山溪從萬仞懸岩處飛瀉直下，似銀練直撲谷底。在山谷，迷霧間喧起千軍萬馬般的吶喊。穿過仙峰、幽穴、聽泉、水簾4個小隧道後，兩眼豁然開朗，漫山遍野蔥龍的箭竹形成竹的海洋。微風吹來，竹海翻起層層綠波，場面蔚為壯觀。這裡山勢平緩，溪流潺潺，林間小道蜿蜒於愜意恬淡的綠地。中國「國寶」大熊貓的飼養場，就坐落在綠樹叢中。

銀廠溝與英雄溝的風光迥異，溝內奇峰疊嶂，雲蒸霞蔚。峽谷低處，古木蔽天。湍急的河流，在密林山崖中忽隱忽現，為峽谷增添了一種莫名的神秘與肅穆，在這裡不妨來次小小的探險，時而會有令你驚喜的風光突然出現在你眼前，會美麗得讓你不知所措。

來臥龍，如果只看自然風光此行就無意義了，那胖乎乎的熊貓可是臥龍的主人，更是臥龍的精靈。「從來不覺得大熊貓有多稀罕的，在機耕道

邊上、水池邊，還有半山腰的樹上，都能見著熊貓。見人也不躲，如果有人去追牠，牠蹭蹭蹭幾下就能爬到樹上去。冬天的雪後，經常看見熊貓三三兩兩地下山覓食，就是過去摸摸頭、揪揪黑耳朵，牠們也只顧著吃，懶得跑掉的。」這是當地人輕描淡寫的敘述，在他處難見尊容的熊貓在臥龍卻是如此平常，不來這裡看大熊貓還去哪裡呢？

臥龍自然保護區已被列為聯合國國際生物圈保護區，設有大熊貓研究中心和大熊貓野外生態觀察站。放眼望去，整個大熊貓繁育基地裡，外國遊客好像多過中國遊客，攜家帶眷的老外們隨便在哪個館見著大熊貓就會「My God！My God！」地驚叫著，更何況是一次見到這麼多隻大熊貓，的確讓他們覺得一定是上帝特別關照的。

除卻大熊貓，臥龍境內還有諸多珍稀動植物，比如華貴的金絲猴等。來到這裡，才能體會自然的神奇和自然對臥龍的偏愛。

臥龍大熊貓自然保護區的巴朗山。

不可抗拒的和諧

呼倫貝爾草原

　　呼倫貝爾是一個充滿雲水柔情的名字。呼倫貝爾草原是一個美麗哀婉的傳說。來到這裡，你會迷失，忘了時間。呼倫貝爾草原是上帝造化的一方淨土，是希冀中的天上人間，是我們不經意撒手失去而又千方百計覓回的理想家園。

　　一處風景如果只是景色未免略顯單薄，而呼倫貝爾草原就不僅僅只是一處風景，它還是一個靈動的空間。這片綠色的淨土，滋養著這裡的生靈，承載著牧民們濃濃的期望。

　　呼倫貝爾草原被譽為中國最美、最純淨的草原，地域遼闊，綠波千里，猶如一幅巨大的綠色畫卷，無邊無際。草原上，星羅棋布的湖泊像美女落下的淚滴。藍天白雲、彎彎河水、茵茵綠

草、群群牛羊、點點氈房、嫋嫋炊煙，清新寧靜。置身在美麗的大草原之中，人的胸懷陡然開闊，躺在綿綿的草甸上，心是那麼悠遠，飄入了天際。

有人說呼倫貝爾草原的風景在路上，而不在要去的地方。漫步在草原的花海中，那種柔軟而富於彈性的感覺非常美妙。芒累了，在草原上是少不了騎馬前行的。手執馬鞭，策馬徐行，抬眼望去，「天蒼蒼，野茫茫，風吹草低見牛羊」，綠草與藍天相接處，牧人舉鞭歌唱。一路看不盡走不完，重重疊疊的綠，隨著天色的變化、雲彩的飄動，產生或淺或深的變化，層層湧向遠方，直至天邊。如果你不懂得什麼才是真正的遼闊，來到這裡就能體會到遼闊的內涵。

有人說呼倫貝爾草原是河流的故鄉，3000多條縱橫交錯的河流在這裡九曲迴環，其中最壯觀的當數被老舍先生譽為「天下第一曲河」的莫日格勒河。河床如刀砍斧鑿，曲曲折折地鐫刻在平坦的草原上，鏗鏘的節奏和跌宕的旋律擊破了草原的空曠和靜謐。據說這段曲河伸直了大約有1500公里，看來也是捨棄不了這綠色的草原。

呼倫貝爾草原上的點點湖泊也值得一觀，尤其是草原深處一汪寬廣的呼倫湖呈現著與草原相映的無限柔情。草原像海，呼倫湖也像

🐎呼倫貝爾草原靜謐的夜晚。

INFORMATION ○○○○○

◎ Location ｜ 地理位置

位於內蒙古呼倫貝爾市，因其旁邊的呼倫湖和貝爾湖而得名。呼倫貝爾草原東起大興安嶺西麓，西鄰中蒙、中俄邊境，北起額市根河南界，南至中蒙邊界，東西300公里，南北200公里，總面積約10萬平方公里，天然草場面積占80%。

◎ Climate ｜ 氣候特徵

呼倫貝爾年均溫為-5～2℃，屬寒溫帶和中溫帶大陸性季風氣候，晝夜溫差較大。

◎ Best Time ｜ 旅遊時機

☀ 6～8月最為合適，此時草原上水草豐盛，氣候宜人。

不 可 不 看 的 地 方

1 look
莫日格勒河：
　　位於呼倫貝爾市陳巴爾虎旗境內，號稱「天下第一曲水」。這裡距依託城市呼倫貝爾市近40公里，離S201線公路5公里。這裡就是「天蒼蒼，野茫茫，風吹草低見牛羊」的呼倫貝爾草原腹地，是中外馳名的天然牧場。

2 look
金帳汗旅遊部落：
　　位於莫日格勒河畔，始建於1994年，以部落樣式為主體，聚集了以蒙古民族為主的北方少數民族傳統文化、民俗民風、宗教藝術、餐飲等綜合旅遊服務景區。

Take My Tips!

　　海，碧波浩渺。漫漫無邊的水域，棲息著天鵝、仙鶴、白鷺、秋沙鴨以及許多叫不出名的水禽，飛起飛落絲毫不驚，讓人如入神話般的境界。

　　來到呼倫貝爾草原，不妨做一天牧民，體會一下原始、淳樸的蒙古風情。歷史學家翦伯贊曾說過，在莫日格勒河畔，有一個「金帳汗蒙古部落」，金帳汗部落的布局，就是當年成吉思汗行帳的縮影和再現。在這裡可以住進自己親手搭建的蒙古包，可以品嚐親手宰殺的牛羊，喝一杯醇香的奶茶和美酒，吃一頓鮮嫩的手抓肉……無邊的雲，無邊的綠，無邊的水，無邊的呼倫貝爾草原，蘊含著無邊的韻味。來到這裡，你會迷失，忘了時間。

呼倫貝爾草原上生活的蒙古族牧民。

Chapter 02

❖山光水色

天上仙泉落人間

黃果樹瀑布

非去不可的理由 → →

　　它的山，雄偉奇岸；它的水，靈動飄逸；雲煙繚繞的奇峰怪石，水氣彌漫的湍流飛瀑，猶如一幅幅美麗的畫卷。山無水不活，水無山不靈，山活水靈，山就不盡是山，水也就不全是水了。每個人心中的山水情結在這裡可以盡情釋放。

　　這裡，名揚四海，源遠流長，備受歷代文人墨客的推崇。不管是「犀潭飛瀑掛崖陰，雪浪高翻水百尋」的豪邁，還是「虹泉飛萬丈，下有碧犀行。瀑布圖如繪，懸流勢不平。雪花晴裡濺，芝草岸邊生」的奔放，抑或是徐霞客筆下「白水如棉，不用弓彈

花自散；紅霞似錦，何須梭織天生成」的感嘆，都令人心悸魄蕩，讓人驚嘆大自然的鬼斧神工！它——就是黃果樹瀑布。

　　奔流了千萬年的白水河造就了主瀑寬83.3公尺、高67公尺的黃果樹大瀑布，河水從斷崖頂端凌空飛流而下。水石相激，發出震天巨響，騰起一片煙霧，迷濛煙霧在陽光照射下，又化作一道道彩虹，奇妙無窮。黃果樹瀑布的形態因季節而有變化。雨水充沛的盛夏，銀浪滔天，卷起千堆雪，奔騰浩蕩，勢不可當。湍急的流水從懸崖絕壁直瀉入犀牛潭中，發出震天巨響，十里之外即聞其聲，瀑布激起的水霧，飄灑在黃果樹街上，就像「銀雨灑金街」一般。

　　冬天枯水季節，黃果樹瀑布雖然少了讓人熱血澎湃的豪情，但卻給予人一種悠遠沉靜的遐思。這時，思緒是瀑布衝擊山岩飛濺出的水珠，在重重水霧中起伏；心情是瀑布對面山坡生長著的小草，在滋潤裡舒展。抬頭仰望，上面是藍天白雲，映襯著銀色的瀑布，水流如銀線一絲一絲地倒掛下來，有的則匯成巨流傾瀉

漲水時節，黃果樹瀑布如蛟龍翻騰、浪花飛濺；到枯水時節則是另一番景致，瀑布分成一絡絡從岸頂吹落，如萬縷銀絲披掛，洋洋灑灑。

如銀練般墜入潭中的瀑布水流。

◎ **Location** ｜地理位置

　　黃果樹風景名勝區位於貴陽以西160公里的白水河上，距省會貴陽137公里。

◎ **Climate** ｜氣候特徵

　　全年氣候溫和，冬暖夏涼，雨量充沛，濕度大，日照少。溫度最高的7月份平均溫度23.2℃，溫度最低的1月份平均溫度5.9℃。

◎ **Best Time** ｜旅遊時機

☀　夏季，此時雨水充沛，瀑布氣勢恢宏，奔騰浩蕩，勢不可當。

而下，形成一種霧濛濛的幻景。走到跟前，那撲面而來的水霧摻著一股清香撫過臉龐，清涼而又溫馨。

　　沿著棧道步入峽谷，蒼松翠柏，瀑布隱現，視角不同，感受不同。正面觀瀑最佳：兩山夾一瀑，白霧掩狂流。黃果樹大瀑布樸實雄渾，坦坦蕩蕩。狂瀉的流水彷彿能帶走一切迷茫和煩惱。而瀑布下的水簾洞最有趣，它原是天然溶洞，與人工修造的棧道相連，人在水下走，水在身邊流。觸手可及水，滴水不沾衣。水簾漫頂而下，隔著玉潔晶瑩的飛瀑水流向外眺望，瀑布巨大的水流轟然從面前跌下，對面的青山、綠樹、遊人、茶樓……迷離恍惚，陽光下虹霓若隱若現，前人有詩贊曰：「晨觀犀潭霓虹舞，暮賞西山落日輝。」每當日薄西山，憑窗眺望，犀牛潭裡彩虹繚繞，雲蒸霞蔚，蒼山頂上緋紅一片，迷離變幻，這便是著名的「水簾洞內觀日落」。此刻聆聽瀑布的聲響，感受著漫天飛舞的水珠，張開雙手，好似整個瀑布都被你擁入懷中；此刻脫去了塵世間的一切浮華，體會著最原始的感動。

　　這裡有靜若處子的湖，有氣勢恢宏的瀑，黃果樹的山水相互映襯，姿態萬千，恢宏與靈秀在這裡和諧地共存著、結合著、彰顯著獨特的魅力。不想細細描述每個瀑布的奇特之處，不想記住每個溶洞的名字，只想置身於這奇山異水之中，細細地品味，慢慢地感受。

　　在大瀑布下，靜靜地仰望著飛奔直下的水流，讓肌膚慢慢

沾滿了珍珠般晶瑩的水珠，讓水氣彌漫到每一個神經末梢，聽著飛瀑拍打大地的轟隆隆的響聲，感受著心靈上的震撼；於天星洞中，懷著一種敬畏的心情，看大自然鬼斧神工的刻畫，巧奪天工的技藝，把一塊塊本無靈性的石頭雕刻成千奇百怪的形狀。還有太多太多秀美的景色——數生石為你看透前生的姻緣，龍宮帶你進入一個世外桃源般的仙境，格凸河燕王宮向你展示動物世界不曾多見的奇觀。奇山秀水，可謂有神靈造化。

來到這裡，不僅為這裡的一山一水所吸引，更為這裡的人文景觀所感動。黃果樹是布依族、苗族的聚居地，到處是別具一格的石頭建築。這裡的人們，依然用雙腳丈量著這貧瘠而富有的土地，用雙手創造著自己的文化，映照著人性的光輝。他們用最原初的狀態，譜寫著自己純樸而多彩的文化。

看慣了高樓大廈，看厭了人來車往，看煩了塵世的喧囂之後，這一刻莫名的感動這麼熟悉而又那麼遙遠。是誰曾在我們的心底種下了一個山水情結，而這個結只能在這裡才可以解開……

黃果樹瀑布周景區內賣蠟染的苗家女。

不 可 不 看 的 地 方

1 look
滴水灘瀑布：
　　西距大瀑布4公里，位於另一條河流——喇叭河上，堪稱一絕。總高410公尺，分7級流瀉的滴水灘瀑布，從關索嶺的山巔傾流而下。

2 look
天星橋風景區：
　　其內溪水流淌。有時溪水聚集成潭，將石林下部淹沒，形成天然的山水盆景。迷宮般的水流以及被這些水流溶蝕切割形成的石林，組成了天星橋風景區特有的水上石林奇觀。

千里黄河一壺收

壺口瀑布

如果說粗獷、深厚、內斂、豪放的黃河是中華民族的象徵，那麼雄壯的壺口瀑布則是黃河的代表。在這裡，你可以看到「黃河之水天上來，奔流到海不復回」的壯美景色，可以領略排山倒海、萬馬奔騰的黃河巨浪，可以聆聽驚天動地的貫耳雷鳴，可以感受大自然恩賜我們的力量和勇氣，可以領悟到什麼叫黃河咆哮、驚濤駭浪。

久居都市便習慣了風花雪月，偶爾踏青也不過去些小橋流

水之所。如果猛然被悲壯激越的悲歌一擊，是否會忘卻塵世，回歸於蒼茫？上古，黃河一路奔瀉，滔滔駭浪滾滾而來，至壺口河道不暢，橫溢流淌，洪災遍野。大禹用疏導之法，劈呂梁山，開龍門，方有後世之壺口。黃河從上游的300餘公尺寬，乍然收縮成50公尺，落差達30多公尺，飛流直下，波浪翻滾，驚濤怒吼，猶如滾滾沸水驟然從一天然巨壺的壺嘴中噴薄而出，雷霆般的吼嘯聲，震撼著晉陝峽谷兩岸的崇山峻嶺、山川溝壑，氣勢磅礡，令人驚心動魄。「千里黃河一壺收」便為此說，其勢、其聲、其雄、其壯，不可測度。

站在壺口岸邊，目睹巨浪翻騰，耳聞濤聲如雷，人們方能真正領略到黃河在奔騰、黃河在怒吼、黃河在咆哮的浩大氣勢。它的雄壯，它的百折不撓、勇往直前，使人感到一種博大的精神境界！壺口用母親般博大的胸懷親近你、擁抱你；以不可抗拒的力量融化你、裹攜你；那震耳欲聾的喧囂使你熱血沸騰、聲聲蕩耳、陣陣沁心；那撼人的波濤，讓你的血脈不由自主地隨它而跳動。置身其中，你的所有的感官都會被懾服，你的靈魂在這裡被沖刷、淘洗，猶若初入塵世，只有那雄渾、豪邁、神奇迴蕩在胸際。

當年光未然到此，在黃河壺口瀑布前流連忘返，心中狂瀾萬丈，慷慨激昂地創作了《黃河大合唱》的歌詞。在壺口，你無法唱出：「妹妹妳坐船頭，哥哥在岸上走，恩恩愛愛，纖繩蕩悠悠。」你只能高唱：「風在吼，馬在叫，黃河在咆哮……」壺口瀑布，浩然之氣也。

壺口瀑布奔騰怒吼，氣勢壯闊。

INFORMATION ⊙⊙⊙⊙⊙

◎ **Location** ｜ 地理位置

　　壺口瀑布位於山西省臨汾市西約165公里，東距吉縣45公里，西距陝西省宜川約50公里。壺口是黃河峽谷最險要的一段河谷，全長約60多公里。

◎ **Climate** ｜ 氣候特徵

乾燥高溫。

◎ **Best Time** ｜ 旅遊時機

☀ 夏季。

老農在壺口瀑布前沉思著，遠處的河水變得溫柔了。

明清時期，由於陸路交通不暢，水路運輸方便經濟，因此壺口上游的水運格外繁忙，每年有數千艘貨船經壺口轉運，因為天險壺口瀑布的阻隔，船隻每到壺口附近，必須先停泊在壺口上游卸下貨物，船隻也只能上岸由人工拉縴，靠人力由陸地越過瀑布再入河床，這就是黃河特有的「旱地行船」：船公唱歌，縴夫喊號，與奔瀉的黃河渾然一體，別有風致。如今旱地行船早已成為歷史，只能看文字記載了。鼎盛時期，壺口有商號60多家、窯洞500餘孔，人們形容道：「客船星集，如魚貫之相連，店鋪林立，似雁行之不絕。」而今只殘存著幾百孔窯洞，頗有滄海桑田之感。

壺口的顏色是蒼涼的，是濃重的，是不可輕視的，黃色的土，黃色的山，黃色的濁浪，黃色的河床，黃色的沙灘，甚至連天空也是黃色的。身處在無盡的黃色中，看著這天上來水，頓有天地玄黃、宇宙洪荒之感，心彷彿也回到最原始的狀態，或迷茫，或感懷，也許就想只坐在岸邊發呆，忘情於黃河這千百年來的怒吼中！

不 可 不 看 的 地 方

1 look

孟門山：
距離壺口約2.5公里，河水被巨石一分為二。此石橫亙數百步，河水分流，俯視如門，故有孟門之稱。孟門山雖「臨危若墜」，但「任水漲滔天，終不能沒」，實為壺口之下一大景觀。

2 look

人祖山和庖山：
在壺口偏北不遠的地方。人祖山海拔1700多公尺，現在山上仍存有伏羲廟的遺址，廟內尚有「隔溝滾磨」的畫像，還有兩眼泉井終年不竭，空氣非常新鮮涼爽。

壺口瀑布奔騰咆哮，水花飛濺。

千年的守望

鳴沙山

非去不可的理由 →　→

「山以靈而故鳴，水以神而益秀」，鳴沙山和月牙泉是廣袤大漠中一對摯友。山泉共處，沙水共生，泉不離山，沙不掩泉，漫漫黃沙，澄澄泉水，相守相伴，歷經千年而不變。鳴沙山頂鳥瞰，月牙泉邊流連，確有「鳴沙山怡性，月牙泉洗心」之感。

天蒼蒼，沙茫茫，大漠中沙浪縈迴，看似激流勇進卻又波濤凝固。流沙常年堆積彙聚成山，山巒像金子一樣燦爛、綢緞一樣柔軟。那一道道沙峰如大海中的金色波浪，氣勢磅礴，消逝於天之盡頭，壯麗之至，蒼涼之至。這就是位於敦煌城南約5千公尺的

鳴沙山。

　　有人將鳴沙山譽為:「天地間的奇響,自然中美妙的樂章。」從山巔順陡立的沙坡下滑,流沙如同一幅幅錦緞鋪滿沙坡,若金色群龍飛騰,鳴聲隨之而起,初如絲竹管弦,繼若鐘聲和鳴,進而金鼓齊鳴,近聞如獸吼雷鳴,遠聽如神聲仙樂,轟鳴之聲不絕於耳。來這裡一定要登上山頂,不過並非易事,綿綿細沙,進一步,退半步,似平行而無進,只好手腳並用往上爬,痛並快樂著。如果掬沙細看,就會發現山上的沙粒有紅、黃、綠、白、黑5種顏色,這是「五色沙」。陽光下沙粒晶瑩閃亮,五彩繽紛,像童話世界般可愛。

　　鳴沙山依然是山,仍有山的胸懷,一泓千萬年前來自地底深處噴湧而出的清泉,千萬年來不受侵擾安靜地依偎在鳴沙山的懷裡。泉如古老的碧玉一樣的綠,如初升的新月一樣的彎,所以得名為月牙泉。在茫茫大漠中有此一泉,在黑風黃沙中有此一水,在滿目荒涼中有此一景,深得天地之韻律,造化之神奇,令人神醉情馳。

　　月牙泉邊,風景如詩如畫。白楊亭亭玉立,垂柳舞帶飄絲,沙棗花香氣襲人,對對野鳥飛翔,清澈的泉水之中,一群群小魚抖動著透明的尾羽歡快地優游在翠綠的水草之間。水面上吹過來的一陣輕風,卻不是那股夾帶著濃厚沙土味道的風塵。漫步在這彎彎的泉水旁邊,陽光下掬沙細撒,指縫間倏然流下,泉水無聲,一切都隨風飄逝。

鳴沙山那一道道沙峰如大海中的金色波浪。

INFORMATION ○○○○○

◎ Location　　｜地理位置

　　鳴沙山,位於敦煌城南約5公里處,東起莫高窟,西止睡佛山下的黨河水庫,山體高達數十公尺,東西綿亙40多公里,南北縱橫20多公里,最高處海拔1715公尺,遠遠望去,峰巒高低起伏,如刀削斧劈。

◎ Climate　　｜氣候特徵

乾燥高溫。

◎ Best Time　　｜旅遊時機

☀ 夏季。

魔鬼出沒的地方

烏爾禾魔鬼城

非去不可的理由　

　　看魔鬼城，有的人看的是它的外觀，有的人看的是它的味道，還有的人看的是它隱隱約約呈現的生命跡象的精神。穿行在魔鬼城裡，你會感覺如同穿行在一座古城之間，有一種震撼之感從心底湧起。在古城裡，是震撼於世事的滄桑；在魔鬼城中，則震撼於大自然的威力。

　　在準噶爾盆地西北邊緣的佳木河下游烏爾禾礦區，距克拉瑪依市100公里，有一處形狀怪異的天然風城，當地蒙古人將此城稱為「蘇魯木哈克」，哈薩克人稱為「沙依坦克爾西」，意思都是魔鬼出沒的地方。大風起兮，黃沙遮天，風在城裡淒厲呼嘯，如同鬼哭，讓人感到恐懼，就像住著魔鬼一樣，所以得名為「魔鬼

城」。

　　一億多年前，這片土地是一個巨大的淡水湖泊，湖岸生長著茂盛的植物，水中棲息繁衍著烏爾禾劍龍、蛇頸龍、準噶爾翼龍，但隨著歲月的流逝，湖泊消失了。巨大的地質構造運動把深埋地下的岩石抬升成高山。湖地升起為陸地，湖底的山或礁石，忽然見上了陽光、風雨，成了陸地上活的雕塑，經風、雨、太陽年年月月地撫摸、打磨，裸露的石層被雕琢得奇形怪狀，烏爾禾魔鬼城也就出現了。不過在地質學上，這種風蝕性的地貌叫「雅丹地貌」。

　　進入魔鬼城，四周被眾多奇形怪狀的土丘所包圍，有的高達十幾公尺，土丘側壁陡立，從側壁斷面上甚至可以清楚地看出沉積的層理，腳下全是黃土，寸草不生，四周一片死寂，真正地與世隔絕，彷彿置身於外星球。

　　魔鬼城縱橫交錯，垛堞分明，危台高聳，儼然一座古城堡，城內一步一景色，一里一洞天，風光起伏變化，讓人目不暇接。有的齜牙咧嘴，狀如怪獸；有的像古歐洲風格的建築殘骸，亭台樓閣、簷頂宛然；有的如一條騰飛的巨龍，那探海的巨爪和首尾相顧的飛天雄姿，與真龍再現毫無二致；還有的像美少女的側面像，眉宇舒張、唇帶微笑；有的從前面看像一尊鎮守埃及法老墓的獅身人面像，但轉到後面看卻又是一位婀娜多姿的「樓蘭美女」；有的從遠處看如唐伯虎遊戲紅塵，走到近處一觀則如屈原問天；有的從左面看猶如披著輕紗的娉婷少女，右看則是一尊飄著長髯的怒目金剛。

　　在明媚的陽光下，烏爾禾魔鬼城一片燦爛輝煌，散發著陽剛的氣質、硬朗的美感；陰雨之下，天空灰暗迷濛，處處彌漫著恐怖與危險，彷彿墜入了巫婆布下的迷魂陣；夕陽如血，一座座荒涼的土丘在地上投下了長長的陰影，猶如一隻隻饑餓的黑暗之手正向人們腳下移動，讓人不由得脊背發麻，避之不及。不過烏爾禾魔鬼城也有溫柔的時候，在

❋ 魔鬼城腹地的荒涼地貌。

INFORMATION

位於準噶爾盆地西北邊緣的佳木河下游烏爾禾礦區，西南距克拉瑪依市區100公里，方圓約187平方公里。

◎ Climate　　　　　｜氣候特徵

屬典型大陸性氣候，乾旱少雨、春秋多風是其突出的氣候特徵。

◎ Best Time　　　　｜旅遊時機

☀ 8月是旅遊的黃金季節，這時不僅能品嚐到甜蜜的西瓜，還能目睹魔鬼城驚心動魄的場面。

冬天穿著潔白的衣裳，蓋著銀色的雪被，像個孩童般熟睡，夢裡閃現出天國……

當狂風吹來的時候，魔鬼城就會激動得失去理智，癲狂不已。飛沙走石狂舞，狼嚎虎嘯怪鳴，其恐怖之聲數里之外都能聽到，膽小之人無不毛骨悚然，鬚髮倒豎。其聲音有的如魔鬼獰笑，有的如孤魂野鬼哀嚎，有的如古代戰馬奔騰嘶鳴，有的如嬰兒啼哭，有的如被判腰斬的犯人發出的絕望吼聲，有的如地府喪鐘擊打，加上狂風捲起的塵土遮天蔽日，把魔鬼城真正變成了一座地獄之城，其懾人的恐怖之聲令人不寒而慄。特別是月淡星稀的夜晚，狂風大作時身臨其境，其陰森恐怖的氣氛更勝幾分，遊人心頭無不為之一震。

烏爾禾魔鬼城是可怕的、是怪誕的，籠罩著蒼涼與孤獨，千萬年來佇立於荒漠之中，粗野而暴力，偏偏就是這種另類的美征服了世人，讓世人不得不流連於它的腳下。

※ 魔鬼城呈馬蹄形，千百年來，風如一位能工巧匠，將這片以泥沙為主體的戈壁台地打造成一座千姿百態的「城池」。

→石林

　　它是一幅絕妙的畫，每天吸引著五湖四海的遊人前來駐足觀賞；它是一首優美的詩，古往今來有無數騷人墨客為它詠嘆吟哦；它又是有靈性和生命的，成就了多少美麗動人的傳說。

　　滄海桑田間，光陰改變了世界的面貌，雲南石林在遠古不過是茫茫深海，海水退去後，歷經了億萬年的烈日灼烤和雨水沖蝕、風化，留下了這一童話世界般的壯麗奇景。遠遠望去，那一支支、一座座、一叢叢巨大的灰黑色石峰、石柱昂首蒼穹，晴天呈銀灰色，雨天變成黛玉色，遠望猶如一片莽莽蒼蒼的黑森林，故名「石林」。石林群峰壁立，千嶂疊翠，怪石奇岩，千姿百態，故為「天下奇觀」。

　　置身於這雄渾奇秀的石林景中，雄健也好，娟秀也罷，只是感覺，萬端的感慨無法言狀。郭沫若曾說過：「看了石林，別的等於零。」

石林彝族自治縣的撒尼小姊妹。

這裡的石林有大、小石林之分，大石林呈現的是撒尼人阿黑哥的雄健剛勇，而小石林呈現的則是阿詩瑪的清新娟秀。登臨獅子亭俯視，石海怒濤奔來眼底，褐石青岩壯觀無比，景色如夢如幻，一片蒼茫。而融入其間行走，又見眼前身後奇石拔地而起，參差崢嶸、千姿百態、陰陽和美、巧奪天工。

大石林入口處峭壁似屏，氣勢磅礴，前人摩崖刻有「彩雲深處」、「拔地擎天」、「千峰競秀」、「群岩湧翠」等題刻。石峰比肩屏列，拔地而起，如劍穿天，相對高度有的達三四十公尺。這凜然威武、陽剛豪壯的石林的雄健美，自有一番激發人們向上的力量。一線清泉匯為狹長的劍峰池，池中一峰突起，如利劍刺天；池色澄碧，如翡翠鑲嵌山間；池周遊廊迂回，石橋橫跨。俯視劍峰池，天光雲影，群峰秀色，盡納湖底。蓮花峰，雄踞劍峰池之濱，高出水面30餘公尺，峰頂巨石橫臥，石片上翹，簇成一朵盛開的蓮花。

小石林略顯溫柔，如小家碧玉：林木青蔥，地勢平坦，間有桃、李、梅、杏、山茶，豔麗的花朵不時從崖間探出頭來。幾塊

不 可 不 看 的 地 方

 look
大石林：
　　整個景區由密集的石峰組成，有如一片石盆地。這裡的石林直立突兀，線條順暢，並呈淡淡的青灰色，最高大的獨立岩柱高度超過40公尺。

 look
小石林：
　　寬厚墩實的石壁像屏風一樣，將小石林分割成若干園林。小石林最有名氣的景點當數「阿詩瑪」。當夜幕降臨，彩燈映照，小石林更是五彩斑爛，嫵媚動人。

草坪四周點綴著奇峰怪石，有的若天設屏障，壁立一方；有的若牛蹲獸伏，在林間靜臥；有的若香菌叢生，萬年不朽。尤其是在圓形的碧池之旁，有一座石峰，頂端呈淡紅，宛若一位身材苗條富有青春活力的撒尼少女。這勤勞美麗、風韻天然的少女造型，形象逼真，猶如撒尼族民間敘事長詩女主角——阿詩瑪。

石因水而潤。石林還有一個絕佳的去處，就是長湖。在密密的叢林中，它宛如一彎新月，在藍天中閃耀。湖周新松成林，蒼翠欲滴；芳草萋萋，色鮮葉嫩；間有山花，點綴其間。

大美者不能言，至言者沒有聲。石林便是如此，只能讓心去領悟。

INFORMATION

世界風華館 系列
非去不可的100個旅遊勝地・中國篇
山光水色

◎ Location ┃ 地理位置

　　石林風景名勝區位於雲南省石林彝族自治縣境內，距昆明市100公里。景區由大小石林、乃古石林、大疊水、長湖、月湖、芝雲洞、奇風洞7個風景片區組成，共有石林面積400平方公里，是一個以岩溶地貌為主體的、世界罕見的風景名勝，是大自然鬼斧神工的傑作。

◎ Climate ┃ 氣候特徵

　　屬亞熱帶低緯度高原山地季風氣候，年均溫約16℃，具有「冬無嚴寒、夏無酷暑、四季如春、乾濕分明」的特點。

◎ Best Time ┃ 旅遊時機

☀ 四季均可。

連片出現的高達20～50公尺的石柱群，遠望如樹林，故得名為「石林」。

華夏的圖騰
泰山

非去不可的理由

　　泰山是自然和人文景觀的絕妙結合體，帝王登泰山者始於秦始皇，相繼有漢武帝、光武帝；唐代有高宗、武則天、玄宗；清代有康熙、乾隆等。所以有人說泰山其實是一部帝王史。不過除卻這些帝王的因素，泰山已經成為中華民族的一種象徵，就像圖騰一樣，在我們骨血裡沉浸著，這是其他任何山巒無法取代的。

　　「孔子登東山而小魯，登泰山而小天下」。中國有無數名山大川，論高度，泰山只有1532.7公尺，不如華山；論靈秀，泰山不如黃山；論宗教文化，泰山不如峨眉山、五臺山、九華山。但

為什麼唯有泰山享有如此崇高的地位呢？其實，泰山的歷史是一本帝王史，正是歷代皇帝對泰山的頂禮膜拜，才使泰山成為五嶽之首。

登山需含敬畏之情，因為山路兩邊峭壁上古人留下的石刻，讓人恍然置身於時空隧道中，蠋發思古之幽情。遊泰山從山腳的岱廟開始，經一天門、二天門、中天門、南天門、天街，直至玉皇頂。拾級而上，兩側石壁上留滿了各個朝代的石刻，而且愈往山上年代愈為久遠。最精彩的泰山刻石就在岱頂，這裡有漢武帝的無字碑，唐高宗的「登泰山銘」。可以說，登山的過程就像在閱讀中國歷史。

登泰山之樂在於攀登。從松山谷底至岱頂南天門的一段盤路，叫摩天雲梯，俗稱「十八盤」，是泰山最險處，全程1公里左右，石階1594級。十八盤岩層陡立，在不足1公里的距離內升高400公尺。此處兩山崖壁如削，陡峭的盤路鑲嵌其中，遠遠望去，恰似天門雲梯，飄蕩在空中。

泰山有3個「十八」之說——自開山至龍門為「慢十八」，再至升仙坊為「不緊不慢又十八」，又至南天門為「緊十八」，共計1630餘階。「緊十八」西崖有巨石懸空，側影佛頭側枕，高鼻禿頂，慈顏微笑，名迎客佛。

泰山的風景基本可以分為兩種不同特色，一段是從山腳下的岱廟、一天門到中天門，這段基本處於山麓，相對地勢平緩且古木參天、

從秦始皇開始，曾有72位帝王到泰山舉行封禪祭典大禮。

INFORMATION ●●●●●

◎ Location ｜ 地理位置

泰山地處山東中部，北依省會濟南，南臨「聖城」曲阜，東連淄博，西濱黃河，總面積426平方公里，東西長約200公里，南北寬約50公里。主峰玉皇頂，在泰安市城區以北。

◎ Climate ｜ 氣候特徵

泰山氣候為暖溫帶半濕潤季風氣候，垂直變化明顯，山下為暖溫帶，山頂為中溫帶。春、秋雨季較溫和，平均溫度10℃。

◎ Best Time ｜ 旅遊時機

☀ 4～11月為佳，觀日出則以秋季為最佳。

香爐上層層累累的同心鎖，寄予了人們各種美好的願望。

空氣清爽，山間鳥語啁啾，流水潺潺，讓人心曠神怡。

而從中天門以上則是另外一種景致，山勢突兀，山道迂迴險要，緊十八盤，慢十八盤，自有「無限風光在險峰」的韻味。登泰山猶如抑揚頓挫的音樂，到達山頂就像是到達音樂最高潮。山頂上，鳥瞰四周，放眼雲海，大有包容萬物、容納百山的胸懷，能體會出杜甫「岱宗夫如何，齊魯青未了。造化鍾神秀，陰陽割昏曉。蕩胸生層雲，決眥入歸鳥。會當凌絕頂，一覽眾山小」的意境。

「旭日東昇」、「雲海玉盤」是岱頂的兩大自然奇觀。日出時天空開始還是深的藍紫色，雲層上一條紅色的帷幔，慢慢變淺成了粉藍，紅色也在漸漸地變成桔色，紅色球體在不斷升起，天空也跟著明亮起來……後來就是霞光萬丈，映襯得雲層也有了光彩……泰山之雲變幻無窮，有時白雲滾滾，如大海白浪滔天；有時又如棉絮平鋪。唯有岱頂似海中仙山，又似碩大玉盤中的仙果。岱頂的日觀峰北側，有一巨石懸空探出，名為「探海石」。泰山佛光也是岱頂奇觀之一。每當雲霧彌漫的清晨或傍晚，就有機會看到縹緲的霧幕上，呈現出一個內藍外紅的彩色光環，將整個人影或頭影映在裡面，恰似佛像頭頂上方五彩斑斕的光環，如果你有幸置身其中，那一定與佛有緣。

不 可 不 看 的 地 方

1 look
>> **經石峪：**
在斗母宮東北方中溪支流的一片大石坪上，鐫刻著1400多年前摩勒的《金剛般若波羅密經》的部分經文。大字遒勁古拙，篆隸兼備，被尊為「大字鼻祖」、「榜書之宗」，是泰山佛教文化的瑰寶。

2 look
>> **孔子登臨處：**
孔子登臨處位於一天門北，為四柱三門式跨道石坊。

不可不看
的地方

TakeMy
Tips!

十八盤如雲梯倒掛山間，攀單陶客踏之人平生幾分怯意

上帝的盆景

黃山

非去不可的理由

在黃山，你可以看到泰山之雄偉、華山之峻峭、峨眉之清涼、匡廬之飛瀑、雁蕩之巧石、衡山之煙雲……去過黃山，便會「看盡千山皆不是」了。青松在懸崖上爭奇，怪石在奇峰上鬥豔，煙雲在峰壑中彌漫，霞彩在岩壁上流光，二湖、三瀑、十六泉、二十四溪相映爭輝……難怪後人有「五嶽歸來不看山，黃山歸來不看嶽」之說了。

在煙花爛漫的季節，總是有些地方讓你在美好的想像中充滿了遠足的欲望，不妨衝出困惑的圍城，找一個心儀已久、有著

陽光雨露、山水清幽的地方，像個孩子似的投入大自然溫暖的懷抱。雖然中國名山大川很多，殊不知黃山卻是少有的千古純情之地。那片豁然開朗的夢田，那清明而空靈的領域，是柔軟純白的靈魂棲身的淨土。

黃山千峰競秀，有奇峰72座，其中蓮花峰、天都峰、光明頂都在海拔1800公尺以上，拔地極天，氣勢磅礴，雄姿靈秀。在光明頂上放眼縱覽，只見東南方有兩座陡峭的大山巍然挺立，左邊的天都峰猶如一柄鋒利的寶劍，突兀而立、直刺蒼穹；右邊的蓮花峰卻恰似一朵碩大的蓮花，綻開花蕊、朝天怒放。西邊的群山雖不甚高，但層巒疊嶂、千峰競秀，尤其是那山巔上的岩石，形狀各異、千姿百態，遠遠望去，有的像武松打虎，有的如仙人曬靴，有的好比仙女繡花，有的酷似藝人踩高蹺……自然的美在這裡彙聚，在這裡昇華，賦予它超凡脫俗的品質，塑造出它威武雄壯的氣概。

黃山山勢高峻，雲霧常鋪，晨昏晴雨，瞬息萬變。日出、晚霞、雲彩、佛光和霧淞等時令景觀各得其趣，真可謂人間仙境，尤以日出景色奇佳。破曉前，天邊漸明，翻滾的雲海上，出現金色的花邊。煙雲彌漫，山形樹影，時隱時現，虛無縹緲。曙光初露，海空間跳出一個紅點，形成弧形光碟，在冉冉上升中變成半圓。霎時，一輪紅日衝出波濤，噴薄而上，騰空升起。披著輕紗的峰巒和巧石，漸入眼底，整個山脈，沉浸在豔麗的彩光之中。

黃山上大多是裸露的岩石，崖邊修築的石欄與山岩渾然一色，似成一體。

不 可 不 看 的 地 方

1 look
光明頂：
　　黃山第二高峰，海拔1860公尺。因為這裡高曠開闊，日光照射久長，故名光明頂。頂上平坦而高曠，可觀東海奇景、西海群峰。煉丹、天都、蓮花、玉屏、鼇魚諸峰盡收眼底。

2 look
蓮花峰：
　　位於玉屏樓北，是黃山第一高峰，海拔1864公尺，峻峭高聳，氣勢雄偉，宛如初綻的蓮花，故名。

🌲 迎客松已經成為黃山的標誌性景觀，樹齡已達1300多年。

　　黃山處處皆松，有十大名松，迎客松、送客松、鳳凰松……其實黃山上千棵松，每棵松都獨具優雅的風格。黃山松針葉粗短，蒼翠濃密，幹曲枝虯，千姿百態。它們或倚岸挺拔，或獨立峰巔，或倒懸絕壁，或冠平如蓋，或尖削似劍。

　　黃山每逢雨後，到處流水潺潺，波光粼粼，瀑布響似奔雷，泉水鳴如琴弦，一派鼓樂之聲。著名的有「人字瀑」、「九龍瀑」和「百丈瀑」，它們並稱為「黃山三大名瀑」。人字瀑在紫石、朱砂兩峰之間流出，危岩百丈，石挺岩腹，清泉分

左右走壁下瀉，成「人」字型，最佳觀賞地點在溫泉區的「觀瀑樓」；九龍瀑，自羅漢峰與香爐峰之間分九疊傾瀉而下，每疊有一潭，稱九龍潭。古人贊曰：「飛泉不讓匡廬瀑，峭壁撐天掛九龍。」九龍瀑是黃山最為壯麗的瀑布；百丈瀑在黃山青潭、紫雲峰之間，順千尺懸崖而降，形成白丈瀑布。

　　若冬日遊山，於某一個早晨推窗眺望，或許會突然發現窗外的景致已成了一片銀色的世界。茫茫群峰是座座冰山，棵棵樹木像叢叢珊瑚，令人疑惑，莫非是「忽如一夜春風來，千樹萬樹梨花開」？非也，這就是難得的霧淞！黃山霧淞，比任何地方更美、更奇、更絕。無愧於天下絕中之絕景。放眼四望，只見群峰錯列，松林密疊，一派銀裝素裹。黃山一改往日蔥蘢蒼翠的面目，到處一片潔白，天地渾然一色。從上到下，一草一木，一枝一葉都凝聚著潔白無瑕的晶體，如披銀疊疊，似掛珠串串，彷彿進入了琉璃世界，似到了仙山瓊閣，令你目不暇接，仿若進入了一個童話般的夢幻之境。冬日的黃山，除卻霧淞還有冰掛，說不定還能遇見罕見的「佛光」。

　　上帝如果有盆景，所選必定是黃山，因為別無他選。

🏵 黃山亭子。

INFORMATION °°°°°

◎ Location 　　　　　　｜地理位置

　　位於安徽省南部黃山市，海拔1864.8公尺。黃山山脈東起績溪縣的大嶂山，西接黟縣的羊棧嶺，北起太平湖，南臨徽州山區，東西寬約30公里，其中精粹風景區154平方公里。

◎ Climate 　　　　　　｜氣候特徵

　　黃山地處亞熱帶季風氣候區，陰雨天多，雲霧天多，年均溫較低，僅7.8℃。山頂與山下相比，更接近於海洋性氣候，夏涼冬溫。

◎ Best Time 　　　　　　｜旅遊時機

☀ 黃山一年四季景色不同，各有千秋。但最好避開雨季(大約每年6月中旬到7月初是梅雨季節)遊覽。

千古文化名山

盧山

非去不可的理由

　　中國田園詩的誕生地、中國山水詩的策源地、中國山水畫的發祥地。觀山如讀史，遊盧山如果只帶了一隻「風景眼」而不帶另一隻「文化眼」的話，那可真是所謂的「不識盧山真面目，只緣身在此山中」了。

　　蘇東坡有詩云：「橫看成嶺側成峰，遠近高低各不同，不識盧山真面目，只緣身在此山中。」盧山的美是玄妙的，遠看，盧山有如一山飛峙大江邊；近看，千峰攜手緊相連；橫看，鐵壁銅牆立湖岸；側看，則如擎天一柱聳雲間。盧山春如夢、夏如滴、秋如醉、冬如玉，構成一幅充滿魅力的立體天然山水畫。就這樣，無數文人拜倒在它的腳下。

　　雲海、瀑布與絕壁構成了「廬山三絕」。到廬山，不可不體味廬山的雲霧之美。有時山巔高出雲層，從山下看山上，廬山雲霧縹緲，時隱時現，宛如仙境；從山上往山下看，腳下則雲海茫茫，有如騰雲駕霧一般。變幻莫測是廬山的特點：有時山上暗無天日，山下則是細雨飄飛，情趣異常。明代王陽明詩云：「昨夜月明峰頂宿，隱隱雷聲在山麓。曉來卻問山下人，風雨三更卷茅屋。」

　　清晨，那輕盈的薄霧，從澗底婀娜多姿、飄飄繞繞地升騰著、彌漫著，像是仙女飄舞的紗巾，紗巾飄過之處，景物便漸次迷濛起來。就是近在幾公尺之外的樹木，此時也像是嬌羞的少女，用輕紗遮住了美麗的臉龐和窈窕的身姿，只是偶爾現出一點俏麗的倩影，以萬般的媚態來挑逗你的遐思。須臾，雲霧開始流動起來，並且逐漸加快，剎那間便如亂雲飛渡之勢，縹緲中幻化出千奇百怪的形狀……太陽出來，滿山的霧氣都慢慢收縮成晶瑩剔透的露珠，繼續裝點著大山。而那漂浮在心中的霧氣，好像也在陽光的照耀下，升騰為一縷忘憂的清風。

　　廬山的雲霧美，晚霞和日出自然更是錦上添花。看晚霞和日出最好的選擇是在含鄱嶺、蓮花谷、小天池等地。含鄱嶺的日出來臨時，與天相接的湖面上泛起一抹紅暈，像是鄱湖仙子醒來時露出的笑臉。在小天池觀日出，但見茫茫雲海，翻捲著眩目的赤色波濤，高懸

❀ 廬山雲霧繚繞，奇峰峻秀，人行其中，似在畫中一般。

不 可 不 看 的 地 方

TaKe My Tips!

1 look
含鄱口：

　　位於廬山東谷含鄱嶺中央，海拔1211公尺，山勢高峻，怪石嶙峋，形凹如口，對著鄱陽湖，似乎要把鄱陽湖一口吞下似的，故名含鄱口。

2 look
三疊泉：

　　號稱「廬山第一奇觀」，三疊泉形成於七里沖寬谷與九疊峽谷相交的「裂點」上，三疊異趣，歷代許多詩人為它寫下了不少讚美的詩篇。

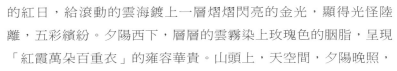

INFORMATION ·····

◎ Location | 地理位置

　　位於江西省北部,九江市以南,濱臨鄱陽湖畔,雄崎長江南岸,是一座變質岩斷塊山。山地拔地而起,主峰大漢陽峰海拔1473.4公尺。

◎ Climate | 氣候特徵

　　亞熱帶東部季風氣候,年平均降水1917毫米,年平均霧日191天,年均溫為15℃。春遲、夏短、秋早、冬長。

◎ Best Time | 旅遊時機

☀ 春、秋兩季。

的紅日,給滾動的雲海鍍上一層熠熠閃亮的金光,顯得光怪陸離,五彩繽紛。夕陽西下,層層的雲霧染上玫瑰色的胭脂,呈現「紅霞萬朵百重衣」的雍容華貴。山頭上,天空間,夕陽晚照,

霞光燦燦,各種光色的雲霞交織在一起,像是天女鋪開了滿天絢麗的錦緞,飄蕩著,閃爍著,時時變化著五光十色的圖案。

　　盧山流傳著這樣一個說法:「不到三疊泉,不算盧山客。」應該說三疊泉是盧山景色中最美的一處。從五老峰、大月山峰彙集而來的泉水,經過山川石階,折成三疊,全長近百公尺。從高高的山頭凌空而下,宛如一幅水簾懸掛空中。

　　三疊泉每疊各具特色,一疊如飄雪拖練,二疊如碎玉摧冰,三疊如玉龍走潭。坐在頻泛漣漪的潭邊上,仰面觀瀑,三疊泉拋

　　盧山三疊泉高百餘公尺,上疊形如飄雪拖練,中疊形如碎玉摧冰,下疊形如玉龍走潭,被譽為「盧山第一奇觀」。

珠濺玉，宛如千片冰綃，抖騰長空，難怪古人會發出「九層峭壁
劃青空，三疊鳴泉飛暮雨」的讚嘆。

　　桃源仙境般的山城小鎮——牯嶺，是廬山的中心。三面被山
環抱，一面臨谷，溪流潺潺，青松、丹楓遮天蔽日。無數風格各
異的各國別墅就勢而築，高低錯落，瀟灑雅致。有人說，這裡是
「萬國建築博物館」。這裡既有北歐式的陡坡屋頂，又有南歐式
的緩坡屋頂；有的聳立在翠峰秀巒之上，有的坐落在幽壑小溪之
間。那錯落有致的幢幢別墅，浮沉在波峰浪谷中，那深紅的、青
綠的鐵皮屋頂，像朵朵鮮豔的蘑菇，散落在青蒼的山谷裡，靜謐
和空靈，冷色和暖色，竟是如此美妙地融合在一起。

　　廬山是中國文化的縮影，有「匡廬奇秀甲天下」之美譽。
歷代文人墨客更是慕名而來，紛紛賦詩填詞，歷史上李白、白
居易、蘇東坡、岳飛、文天祥等均到過此處，在這如詩如畫的地
方，留下他們的足跡。

❀ 廬山壯觀瑰麗的
景色。

與神耳語的地方

納木錯

非去不可的理由

　　納木錯，納木錯！這個神仙居住的地方，使人有歸屬感。這裡的一切與世無爭，是人們找尋的寧靜樂土。在這一塊淨土裡，你的身、語、意將融入這塊聖地，沒有世俗，只有喘息。

　　一顆渴望的心，一種慕名敬仰之情，促使我們嚮往著這裡。這裡，在海拔5000多公尺的雪峰頂上；這裡，有廣闊無疆、絲絨般的綠地；這裡，有湛藍的湖泊、綿延不絕的念青唐古拉雪峰；

這裡，絕對是一幅精美絕倫的上帝之作；這裡，就是令人驚嘆不已的大地傑作之一 —— 納木錯。

納木錯，藏語意為「天湖」，是西藏三大聖湖之一。相傳這裡是密宗本尊勝樂金剛的道場，信徒們尊其為四大威猛湖之一。天湖納木錯的純淨、安詳是高原的象徵，它的美麗是每一個旅行者都不應該錯過的。

也有人說納木錯是天湖女神，相傳納木錯的水源是天宮御廚的瓊漿玉液，是天宮神女的一面絕妙寶鏡。置身於此，猶如身臨仙境。

先別說具體的納木錯，就是臨近納木錯的這條路，也讓人流連忘返。兩邊雪白的羊群，滿山坡遍布著；綠茵茵的草地如一望無際的地毯，犛牛披著滿身的長毛，無視一切悠閒地找尋著可口的美餐；母馬領著小馬，安靜地看著過往的客人。在這裡看到的每一處都是寧靜安逸、美不勝收的畫卷。

納木錯的東南部是直插雲霄、終年積雪的念青唐古拉山的主峰，北側倚偎著緩和連綿的高原丘陵，廣闊的草原繞湖四周，天湖像一面巨大的寶鏡，鑲嵌在藏北草原上。湛藍的天、碧藍的湖、白雪、綠草、牧民的帳篷及五顏六色的山花，交相輝映，組成一幅大自然美麗、動人的畫面，身臨其境，無不

納木錯湖邊的佛塔。

INFORMATION ○○○○○

◎ Location　　　｜地理位置

位於藏北高原東南部，念青唐古拉山峰北麓，西藏自治區當雄和班戈縣境內。納木錯湖面海拔4718公尺，從湖東岸到西岸全長70多公里，由南岸到北岸寬30多公里，總面積為1920平方公里，是世界上海拔最高的鹹水湖，也是中國的第二大鹹水湖，湖水最深處超過33公尺。

◎ Climate　　　｜氣候特徵

半乾旱大陸性氣候，每年5月中旬～9月中旬是該地區雨季。

◎ Best Time　　　｜旅遊時機

☀ 每年7～9月，是納木錯最美的季節。

不可不看的地方

look
1
扎西半島：

湖中有5個島嶼，其中最大的就是扎西半島。扎西半島位於湖的東側，像是湖岸伸入湖中的一隻拳頭，遠遠望去，它是個小山包，由於山包中間明顯裂開，人們說它是個睡佛，短的一段是腦袋，長的一段是身子，腿側伸入湖中隱而不見。其實，這是個由石灰岩構成的約10平方公里的半島。

感到心曠神怡。

　　清晨，湖面霧靄茫茫，周圍群山若隱若現，太陽升起，雲消霧散，清風拂面，浩瀚無際的湖面蕩起漣漪，真似慈祥的仙女，手揮素巾注視著來往人群。這時的念青唐古拉山的主峰格外清晰，牧場一片淺綠，山體紅黑間雜，峰頂白雪皚皚，主峰如一個威武戰士守護著納木錯。高原氣候瞬息萬變，時而狂風大作，時

納木錯湖水靠念青唐古拉山的冰雪融化以後補給，沿湖有不少大小溪流注入。湖水清澈透明，湖面呈天藍色，水天相融，渾然一體。

而烏雲蓋天，風雪過後，湖面依然波光粼粼。

　　納木錯湖美，它的湖濱牧場更是別具一格。每當夏初，成群的野鴨飛來棲息繁殖。湖泊周圍常有熊、野犛牛、野驢、岩羊等野生動物棲居，湖中盛產無鱗魚和細鱗魚，湖區還產蟲草，雪蓮、貝母等名貴藥材，是人間天然瑰寶之地。

　　這裡，天空一片安詳，鮮明而靜寂。墨藍的天空罩起一片弧狀的雪峰，太陽就像山頭上的守護神，伸手可及，一大團雪白的雲朵也悄然而至。它們都被掛在山口上一串串條幅的上方。藍、白、紅、綠、黃五種色布穿在幾條繩索上，分別代表著藍天、白雲、紅火、綠水、黃土，也被解釋為自然中的金、木、水、火、土。山風拂過，它們呼呼作響，像是呼喚；陽光灑來，五彩繽紛，招搖惹眼。好一幅仙境的畫面。

　　納木錯不僅清晨美，它的黃昏也美極了。傍晚，湖水被夕陽的餘暉照得霞光閃爍，遠處的雪山和燒紅的晚霞形成了強烈的色彩對比，迷人至極。天氣漸漸地有點涼意了，但天空依然沒有要馬上黑下來的跡象，這時可以騎著馬沿著湖邊，伴著馬蹄的碎步聲，一路看著天湖的暮色，沾一沾天湖的靈氣，期望著給人們帶來好的運氣。

　　這裡，應該就是傳說中的香巴拉吧，像是一個世外桃源，又像是一個美麗的島，或者是一個離地球不遠的純淨星球……到了納木錯就好像到了傳說中的香巴拉仙境，絕妙無比。

　　香巴拉有沒有，並不重要，重要的是西藏人心目中嚮往著那神仙般的生活。納木錯給人無限的想像力，讓來到這裡的我們渾然不覺地走向了傳說中的香巴拉，感覺自己置身於香巴拉。

藏曆羊年，轉湖的隊伍終年不斷。信徒們用信念的步履丈量著腳下神聖的土地，祈禱萬物眾生。

雪域高原的一面鏡子

青海湖

非去不可的理由

　　海拔3000多公尺的藍色湖水，青藏高原獨特的風情，藍天、雪山、草原，牛羊踱步，百鳥鳴唱，飄舞的經幡，湖畔虔誠膜拜的信徒……廣闊、聖潔、自由、寧靜，一切都在這裡找到了最好的注解。選擇，還需要再多說嗎？

　　海子說：「青海湖上，我的孤獨如同天堂的馬匹。」與耳畔滿溢的嘈雜相比，孤獨的感覺或許更加接近天堂。青海湖是可以讓人放縱思緒自由流浪的地方，寧靜不遠，愛情不遠，天堂亦不遠。

　　位於青藏高原之上的青海湖，給人的印象一直是神秘的。3000多公尺的海拔與祁連山的環抱，給了它一種拒人於千里之外的意味。而這裡自古就是遙不可及的「西海」，獨特的地理位置與自然環境使然，使這裡長久以來一直蒙著一層神秘的面紗。

　　青海湖彷彿是一個絕世獨立的蒙著面紗的美女，追尋她的過程或許是艱辛的，然而當你歷盡艱險來到她的身旁，揭開面紗的時候，會發現真實的她遠沒有預想的那樣冷傲。青藏高原絕非荒無人煙的不毛之地，而青海湖，更是這片廣闊土地上的一泓溫柔。

　　有人說，青海湖是地球上的一滴藍色眼淚。只是，這滴眼淚大得超乎想像。在當地人口中，青海湖總是被喚做「海」的，當你置身其中就會發現，這種稱呼其實再恰當不過。湛藍的長空之下，鋪展開一大片同樣湛藍的水面，極目遠眺卻依然無法望到盡頭，甚至當你走近水濱，靜靜地聆聽其中陣陣潮水的聲響，竟也是如同在海邊一般不二。青海湖的水面，是深深淺淺的藍，換一個季節，或者僅僅換一個角度，就會是不同的樣子，不過都是共長天一色，藍得幽深浩渺，藍得純淨無瑕。連天碧水少了些大海的奪人氣勢，卻多了幾分寧靜與嫵媚。那樣的顏色足以追魂攝魄，讓人甘心把靈魂浸入其中，滌去許久以來歲月的塵埃，回復初生時的聖潔。

青海湖上的沙島。

不 可 不 看 的 地 方

>> 1 look
日月山、倒淌河：
　　日月山位於青海省湟源、共和兩縣的交界處，山頂有遙遙相對的日亭和月亭。倒淌河東起日月山，西止青海湖，自東向西蜿蜒40多公里。

>> 2 look
鳥島：
　　在青海湖的西北部，環境幽靜，水草豐茂。每年都有許許多多的鳥棲息於此。5～7月這段時間是觀賞鳥類的最佳季節。

不可不看的地方

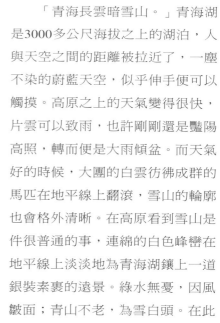

INFORMATION

◎ Location　　　　　　| 地理位置

青海湖位於青藏高原東北部，環抱於日月山、大通山和起伏連綿的青海南山之中。湖面海拔3106公尺，面積達4456平方公尺。

◎ Climate　　　　　　| 氣候特徵

氣候涼爽，日均溫一般都在15℃左右，是理想的避暑勝地。

◎ Best Time　　　　　| 旅遊時機

☀ 每年8、9月份，湖的北岸油菜花開放時景色最佳，如去鳥島則以5月最好。

「青海長雲暗雪山。」青海湖是3000多公尺海拔之上的湖泊，人與天空之間的距離被拉近了，一塵不染的蔚藍天空，似乎伸手便可以觸摸。高原之上的天氣變得很快，片雲可以致雨，也許剛剛還是豔陽高照，轉而便是大雨傾盆。而天氣好的時候，大團的白雲彷彿成群的馬匹在地平線上翻滾，雪山的輪廓也會格外清晰。在高原看到雪山是件很普通的事，連綿的白色峰巒在地平線上淡淡地為青海湖鑲上一道銀裝素裹的遠景。綠水無憂，因風皺面；青山不老，為雪白頭。在此相映成趣，不必刻意經營，也無需費心去想像，都是造化隨手點染的因緣。

在那雲層之下，雪山之巔，水天相接的地方，常常有飛鳥的羽翼掠過。提到青海湖的鳥，不能不提鳥島。鳥島在青海湖西北部，是名副其實的「鳥的天堂」。每年5、6月份，會有成千上萬的候鳥在此棲息，建巢築窩，生兒育女。碧波萬頃的湖面上，萬鳥齊飛，帶著你的目光與心情一起翱翔。

☀ 日月山是青海東部農業區和西部牧業區的分水嶺。山麓兩邊景色迥然不同：山麓西邊是廣袤蒼茫、牧草豐茂、牛羊成群的大草原；山麓東邊是村落點點、梯田阡陌、麥浪滾滾的農區。

❀青海湖畔是有著悠久歷史的優良牧場,早在漢代以前,羌人就在這裡遊牧。

　　在青海湖與雪山之間,有著大片的草原,一馬平川,公路在草原上筆直地延伸,一直到地平線匯成一個點。藍天之下,一邊是皚皚雪山,一邊是蔚藍湖水,而中間是濃綠的草原。如果是在油菜花開的季節來到這裡,還會有成片金黃的花的海洋。大片的色塊呈現在面前,單純而熱烈,心情也會隨之單純起來。

　　青海湖和納木錯一樣,都是藏民心中的聖湖。藏民是不會在青海湖中游泳的,也不會去吃湖裡的魚,他們生活在湖畔,一代又一代謹慎地守護著湖水的聖潔。不時會有一些信徒來這裡環湖,為了某個心願頂禮膜拜,沿著湖畔一遍遍地磕著長頭。虔誠本身就是一種力量,而對於我們這些人來說,能夠環湖走上一圈,尋回失落的虔誠,把它交給我們生長於斯的自然,讓掠過高原的長風冷卻內心的浮躁,用不停的腳步打磨自己的性情,在湖畔那一座座高高堆起的瑪尼堆旁,領悟有關信念的一切,也是一次難得的心靈之旅。

離天最近的地方

阿里

非去不可的理由 →→

白色的雲、黃色的山、紅色的草、藍色的湖、銀色的雪，
那是不可思議的奇觀、不可思議的美麗。美得恬靜，美得聖
潔，美得尊貴，美得智慧。它是如此地動人心魄，足以收歸世
上所有惶恐無所依的靈魂，卻又是如此安然大度，足以消解世
間一切的躁戾。

西藏是世界屋脊，而阿里則是屋脊上的屋脊，其奇特的高
原風貌吸引著無數探險者們去征服它。在藏民的心中，阿里的瑪
旁雍錯是「聖湖」，岡仁波齊峰是「神山」，它們是「世界的中
心」。這不僅因為它的高海拔，還因為它迷人獨特的景色，讓所
有的人可以釋放心靈，做回最真實的自我。

坐落在阿里境內的岡仁波齊峰，被譽為中亞宗教的精神之山。山形似橄欖，峰頂如七彩圓冠，周圍像八瓣蓮環繞，山頂常年堆積白雪，如水晶澆砌玉鑲冰雕，頂尖直插雲霄。從金沙江畔、青藏高原以及從印度、尼泊爾前來轉山朝聖的信徒長年不斷。在聖湖可以比較清晰地看到神山。烏雲散去後的岡仁波齊，露出金字塔般的標誌山形，我們甚至可以比較清楚地看到山上隱約的佛教萬字符，據說那是天然形成的雪梯，非常神奇。

關於瑪旁雍錯的故事和傳說數不勝數。瑪旁雍錯海拔4588公尺，面積412平方公里，是西藏的三大聖湖之一，也是世界上海拔最高的淡水湖之一。她的神聖與岡仁波齊一起賦予了阿里雙重的誘惑。天氣晴朗時，湖水顏色層次多變，遠眺氣勢磅礴，湖邊鳥類繁多。在聖湖岸邊可以清楚地看到岡仁波齊和納木那尼兩座山峰。納木那尼是阿里地區海拔最高的山峰，高7694公尺，與岡仁波齊遙遙相對，煞是精彩。

西藏阿里擁有十分豐富的人文和自然景觀。曾經延續700多年輝煌的古格王朝就誕生在這裡。300多年前，這個鼎盛一時的王朝謎一樣地消失了。它的歷史沒有留下可靠的文字記載。今天我們甚至找不到那個王朝臣民的後裔。如果沒有一片古格廢墟殘留至今，那700多年轟轟烈烈的王朝歷史就會像從來沒有發生過一樣。

日出時的古格，美得難以形容。金色的陽光一點點地移到古格遺跡上空，移到四周天然的也許已經靜默上千年的土林上。這裡的氣候比較乾燥，否則土林難以如此完好地保存千年。在這裡，能看見深藍的天空，而且天空一絲雲都沒有，一片廣闊的深

班公錯，一半在中國的阿里地區，另一半則在印度，是一個狹長的湖。有趣的是，雖然同屬一湖，在中國境內的是淡水，而印度境內的是鹹水，苦澀，不能飲用，也沒有魚類生長。

INFORMATION ......

◎ Location　　　　　　　　　| 地理位置

　　阿里地區位於西藏自治區西部，北鄰新疆維吾爾自治區，西南與印度及尼泊爾毗鄰。平均海拔4500公尺以上，號稱「世界屋脊的屋脊」。

◎ Climate　　　　　　　　　| 氣候特徵

　　大部分屬高原溫帶季風乾旱氣候區。

◎ Best Time　　　　　　　　| 旅遊時機

　☀ 每年的5～7月上旬以及8月中旬～10月是到阿里旅遊的最好季節。

　　100多萬年前，阿里地區札達到普蘭之間是個方圓500多公里的大湖。喜馬拉雅造山運動使湖盆升高，水位線遞減，逐漸沖磨出建築物一般唯妙唯肖的形狀與層高。

藍，藍得像深海一般。在任何別的地方都見不到這樣的天空，確實藍得有些古怪，而且直至正午12點，月亮還高高地掛在天上，日月同輝，可是一點不假。

　　古格的外表看上去幾乎是廢墟，裡面卻內有乾坤。洞穴處處曲徑通幽。層次分明的建築，從上往下依次是王宮、寺廟和普通民宅，整個遺址似乎沒有特別的保護。古格有著名的壁畫和雕像，千年的壁畫和雕像呈現面前，確實精美，令人嘆為觀止。

　　在遠處眺望古格遺址，荒涼、寂靜、神秘、孤獨。這記載著千年歷史的遺址，就這樣孤零零地站在高處，冷眼看著過往的人間百態。千百年前它如此，現在還是這樣，除了歷經歲月的輪回顯得更為滄桑外，變化的恐怕只是這個世界的生靈吧。

　　來到阿里，凝望著它那樣遼遠、開闊、蒼茫、質樸的景色，那山的故鄉，鷹之樂園，不正是一個純真而美麗的夢嗎？希望這夢永遠都不會醒！

Chapter 03

⠿ 大地傑作

心靈的守望

珠穆朗瑪峰

非去不可的理由 → →

凝視珠峰，會使人們久久沉浸在那超凡脫俗、雄壯肅穆的氣氛之中。「珠穆朗瑪」這個名字一定會愈來愈多地出現在世界各個地方。珠峰能喚起這樣的畫面：湛藍的天空、飄動的經幡、潔白的佛塔、皚皚的雪山、悠閒的犛牛、晨霧中擠牛奶的姑娘。珠峰的美麗源於我們心靈的守望。

西藏，總是那麼古拙明麗，總是那麼高遠神秘，在雪山荒原上走一段長長的日子，那裡民風的古樸和風光的綺麗，會讓你塵

俗盡去，靈性充盈，而那時如果立於世界之巔你會想起誰？還是無語？珠穆朗瑪峰會給你答案。

　　珠穆為藏語「女神」之意，朗瑪是「第三」之意，峰頂終年積雪，常為勁風吹拂，飄飄灑灑，狀若女神面紗，麗日青雲之下，瑰麗非凡，遠望冰川懸垂，銀峰高聳，一派聖潔景象。早在唐朝時，就有書籍提到珠峰。1712年，清政府派遣技術人員到此，第一次測量了珠穆朗瑪峰，精確地標出其地理位置，並在地圖上使用藏族的傳統名稱「珠穆朗瑪阿林」。「阿林」是滿語「山峰」的意思。

　　珠峰周圍20公里的範圍內，群峰林立，全世界14座8000公尺以上的高峰中有4座在這裡，還有38座7000公尺以上的山峰，形成了一幅群峰來朝、峰頭洶湧的波瀾壯闊的場面，被譽為南極、北極之外的世界第三極，而珠峰則被稱為萬山之尊。據科學家測定，珠峰現仍在不斷上升，平均每年以3.2～12.7毫米的速度，繼續刷新它自己所創造的世界最高紀錄。2005年5月22日，中國重測珠峰高度，登山隊成功登上珠穆朗瑪峰峰頂，再次精確測量珠峰高度，珠峰新高度為8844.43公尺。

珠峰下的經幡。

珠穆朗瑪峰旗雲

每當旭日東昇，巨大的珠峰在日光照耀下，絢麗多彩，就像一座巨型金字塔，橫空出世，昂首天外。直上雲天的雪山巍峨高聳，山勢險峻，雪峰就像女神的水晶頭飾，在陽光的照耀下閃爍著日月般的熠熠光輝，終年積雪的山峰上飄浮著潔白的「絲帶」，像一條白色的旗幡，由西向東在高空疾風中招展，這就是珠峰最有名的景觀——旗雲。變幻莫測的旗雲使得「女神」時而安詳如少女、時而肅穆如智者、時而猙獰如天神。其實這個時候是「女神」震怒的時候，如果有一條長長的旗雲飄動在峰頂，就說明上面正刮著9級的大風雪，雖然山腳還是一片安祥。

珠峰的山腳是莽莽原林，再往上為一望無涯的草原，重山之上，疊翠欲滴，雲霧繚繞。森林中有無盡的奇花異草；原野上有成群的斑鹿羚羊；犛牛三五成群，裝點湖畔的悠閒；畫眉杜鵑在樹梢舞蹈，歌唱真實的快樂；野兔在草地上無憂無慮，渲染山原的嫩綠……勤勞的藏民奔波於一天的生計，遙遠的女神無聲守望著她的子民，柔美、靜穆，宛如雲中仙子。

海拔5100公尺的地方，分布著數百條大小冰川；一條條冰川像蜿蜒的銀蛇，最長者達26公里。其

INFORMATION

◎ **Location** | 地理位置
位於喜馬拉雅山中段之中尼邊界上、西藏日喀則地區定日縣正南方。

◎ **Climate** | 氣候特徵
珠穆朗瑪峰氣候具明顯季風特徵。冬半年乾燥而風大，為乾季和風季。夏半年為雨季。珠穆朗瑪峰南北坡氣候差異很大，南坡降水豐沛，具有海洋性季風氣候特徵；北坡降水少，呈大陸性高原氣候特徵。

◎ **Best Time** | 旅遊時機
☀ 4～5月和10月。

間夾雜著幽深的冰洞、曲折的冰面溪流，景色無比奇特壯觀。海拔5300公尺的山谷地帶，分布著大量晶瑩剔透、筆直矗立、千姿百態、瑰麗罕見的冰塔林，一座座冰塔聳立，有的似高樓，有的纖細如柱，有的像冰桌……這些大自然精工巧做的冰塔林長達10多公里，猶如仙境廣寒宮。之上就是蒼茫的山與無盡的雪，山嶙峋，雪寧靜，生命在那裡是渺小的。

面對世界之巔，不去攀登珠峰有很多的理由，因為攀登珠峰本來就是非理性的行為——是欲望戰勝理智。任何會認真考慮這樣做的人幾乎都超越了理性的範疇。1953年5月29日，來自紐西蘭的34歲登山家艾德蒙·希拉里作為英國登山隊隊員與39歲的尼

不可不看的地方

>>**1** look

絨布寺：
　　位於西藏日喀則地區定日縣巴松鄉南面的珠穆朗瑪峰下，海拔5800公尺，地勢高峻寒冷，是世界上海拔最高的寺廟，也是觀看珠穆朗瑪峰的最佳位置，景觀絕妙。此寺於1899年由寧瑪教派喇嘛阿旺丹增羅布創建。現已成了從北坡攀登珠峰的大本營。

泊爾嚮導丹增‧諾爾蓋一起沿東南山脊路線登上珠穆朗瑪峰，是紀錄上第一個登頂成功的登山隊伍。1960年5月25日，王富洲、貢布、屈銀華三個中國人首次登上珠穆朗瑪峰，此次攀登，也是首次從北坡攀登成功。身在雲霧中零距離靠近珠峰，站在世界之巔，真正的「一覽眾山小」，豪情之外想必還有些喜極而泣，因為眼淚在那一刻會模糊你的視線。

從空中俯視喜馬拉雅山脈，但見群峰攢動、雪覆雲擋、氣勢雄渾。

→ 喬戈里峰

非去不可的理由 ▶▶

喬戈里峰是一處遙不可及的秘境，它是一座登山家們夢想攀登的山。對於真正的攀登者來說，它一半是天堂，一半是地獄。而無論是到達天堂還是墜入地獄，你都能感覺到兩種境地的存在。在天堂與地獄之間，攀登成為一種嚴酷的考驗。

「喬戈里」，塔吉克語，意為「高大雄偉」；而當地的巴帝斯的語意則為「潔白的神峰」。喬戈里峰海拔8611公尺，位於中國新疆和巴基斯坦邊界上，是喀喇崑崙山脈的主峰，也是世界上第二高峰，被喻為「萬山之父」。國際上通稱喬戈里峰為K2，這是它更通行的名字。因為喬戈里是喀喇崑崙山脈第二個被人類考察的山峰，K則為喀喇崑崙山脈的英文首字母。

INFORMATION

◎ Location　　　　　　　地理位置

喬戈里峰位於東經76.5°，北緯35.9°，坐落在喀喇崑崙山脈的中段。喬戈里峰在中國境內的一側位於新疆維吾爾自治區塔什庫爾干縣境內。

◎ Climate　　　　　　　氣候特徵

喬戈里峰地區氣候十分惡劣。每年5～9月，西南季風送來暖濕的氣流，化雨而降，是本地區的雨季。9月中旬以後至翌年4月中旬，強勁的西風凜冽而至，帶來嚴酷的寒冬。峰頂的最低氣溫可達-50℃，最大風速可達25公尺/秒以上。

◎ Best Time　　　　　　旅遊時機

登山活動最好安排在5～6月初進山，7～9月開始攀登，此時山頂氣溫稍高，好天氣持續時間較長，是登頂的最好時間。

在喬戈里山區生活的當地老人。

喬戈里峰可不是一般的山峰，它和金字塔居然有著微妙的關係。喬戈里峰呈現漂亮的圓錐形，峰額就是金字塔形，除了大小，喬戈里峰周圍的冰川和小山峰與大金字塔周圍的小金字塔驚人的相似，喬戈里峰和金字塔4個面的方位、方向也一樣，喬戈里峰4個面都有微微突出的山脊，而大金字塔的4個面都微微凹進去一點，似乎，喬戈里峰就是大金字塔的設計者呢。大自然在這裡又體現了神秘的定數，留給後世一個永恆的謎團。

喬戈里峰，這個卓爾不群的山峰，晴天時，一大縷如炊煙狀的潔白雲彩掛在它那傲然挺立的山巔，山如旗杆雲如旗幟，這就是傳說中的旗雲。你的靈魂會被它征服，在和天空大地、日月星辰的對視中感受它那永恆的氣息。喬戈里峰西南側冰崖壁立，黑岩突出，山勢險峻。而它的東南側，在陡峭的坡壁上布滿了冰崩和雪崩的溜槽痕跡。這些千姿百態的由冰雕刻成的山峰及粗壯威嚴的岩壁，就像是現代城市中的摩天大樓，真可謂是山之天堂，冰之故鄉。

喬戈里峰雖然為世界第二高峰，但就攀登難度和死亡比率來

說，要遠遠高於世界第一高峰珠穆朗瑪峰，登山者的死亡比率為1：7，這是個很可怕的數字，所以登山界稱之為「野蠻暴峰」、「沒有回報的山峰」等。

在2003年一年的時間裡，先後有262位登山者登上了珠峰的峰頂，而喬戈里峰的登頂人數50年加起來只有200位左右。珠峰大本營人聲鼎沸，熱鬧非凡；而喬戈里峰大本營位置偏僻，坐落在一個大冰川上，是個用碎石搭建的宮殿，平時只有幾個巴基斯坦工人。喬戈里峰從北坡大本營到頂峰，垂直落差達4700公尺，連珠峰都遜色很多，這又增加了登頂的難度。

1902年，英國登山隊首次攀登喬戈里峰以失敗告終。直到1954年7月31日，義大利登山隊的日勒·拉切捷利和阿·康比奧氏2人，從巴基斯坦一側沿東脊攀登，才開創首次登頂的紀錄，費時將近100天。2004年，中國西藏登山隊的7名勇士成功地登上了喬戈里峰之巔。此外，喬戈里峰還被傳為是拒絕女性的山峰。至今，僅有5位女性登上了喬戈里峰峰頂，但都死於非命。其中3位是在登頂後的下撤途中身亡，另外2位雖然成功下撤，但都在6年內分別死於其他山峰的攀登過程中。

然而在一流登山家的心目中，喬戈里峰仍是最美的山峰。

喬戈里峰下的櫻花。

貢嘎山

非去不可的理由 →　→

在貢嘎山寧靜的時空中，山與天、太陽與雲朵旁若無人地揮灑著自己最初的美麗與輝煌，風在這裡都不忍前行，停住了腳步。

貢嘎山是很多人的夢想，因為它「一半在天上，一半在人間」。藏語「貢」是冰雪之意，「嘎」為白色，貢嘎意為「白色冰山」。在當地人的心中，貢嘎山是能代表某種精神和某種神性的「群山之王」。同時，貢嘎山也是最難見其尊容的「神秘之山」。人力所達的地方，僅有幾處可以在天氣晴好的時候見到它的金字塔形主峰，六世達賴倉央嘉措寫的情詩「壓根兒沒見最好的，也省得情思縈繞。原來不熟也好，就不會這般顛倒」。用來形容貢嘎山卻是貼切。

貢嘎山海拔7556公尺，是四川省的最高峰，被稱為「蜀山之王」。它是橫斷山脈第一高峰，周圍林立著145座海拔五六千公尺的冰峰。全山高峻挺拔，在群山中突兀著，孤獨而傲視群雄，靜穆地佇立在那裡，群山在它腳下如孩童般纖小稚嫩，恭敬順從地排列著整齊朝拜的隊伍。積雪終年不化，潔白的冰峰遠遠望去，

浮現在茫茫山海之上，莊嚴神秘，令人肅然起敬。

在晴空萬里之時，貢嘎山被朝輝、晚霞所染，其「日照金山」的瑰麗輝煌，非親歷無法想像。雪峰浮於雲端之上，如絮雪般的雲海將山體下半部分遮蓋住，眼前的天地極為純淨，天空的顏色是經常看到的高原藍，一縷陽光十分精確地打在金字塔式的峰頂，雪峰散放著神聖的金屬般光芒，透出攝人心魄的雄渾與莊嚴。亙古的冰山，那麼聖潔、超凡、巍峨壯麗，又似一柄銀光閃爍的神劍直刺天空。

山谷對面的密林在陽光照耀下格外墨綠，就像一條條曠古的綠色花環，圍繞起山地上方高不可測的那一片金黃的雪峰。山下河谷樹影婆娑，源於折多山的溪水在寬谷中像時隱時見的遊蛇。當太陽由紅而淡，四周的山影、田園、河溪、草甸、房舍便也漸漸沐浴在了陽光之中，貢嘎山就漸漸褪去了金子般的色彩，還原了它潔白的身軀。

雪山的湖水自然不同於別處。貢嘎山周圍高原湖泊星羅棋布，著名的有木格措、五須海、人中海、巴旺海等。有的在冰川腳下，有的在森林環抱之中，湖水異常清澈、透明，懸崖峭壁高聳入雲，奇樹凌空，怪石林立，巨石崖壁酷似雕刻而成，保持著原始的自然風貌。在雪線以下，山谷和山坡被茂密的原始森林所

貢嘎山上雲霧飄繞，在湛藍的天空下，襯托得分外清晰明亮。

INFORMATION

位於四川省甘孜藏族自治州境內，主峰海拔7556公尺，是橫斷山脈最高峰，號稱「蜀山之王」。貢嘎山風景區面積達1萬多平方公里，由海螺溝、燕子溝、木格措、塔公、五須海、貢嘎西南坡等景區組成。

該區屬溫帶高原氣候。氣候變化較大，每年6～10月為雨季，11月至翌年5月為旱季。年降水量800～900毫米，多集中在7、8、9三月。一年裡氣溫最高是4、5月份。

一般多在每年5～6月的旱季和雨季交替期，因這段時間溫度適宜又無太大的雨量。

海螺溝營地內的木屋。

覆蓋。森林中植物種類繁多，春來鳥語花香，秋來滿山紅葉。

冰川擁有凜冽的美。貢嘎山地區擁有眾多的冰川，晶瑩的現代冰川從高峻的山谷傾瀉而下，將寂靜的山谷裝點成玉潔冰清的瓊樓玉宇。巨大的冰洞、險峻的冰橋，使人如入神話中的水晶宮。其中最長的為海螺溝冰川，冰川、森林共存；更有中國最大的冰瀑布，高、寬均達1000公尺以上，瑰麗非凡。陽光照耀著泛藍的大冰瀑布，放射出炫目的光彩。而每當雪崩發生時，冰雪飛騰，響聲如雷，氣勢磅礡，真可謂「靜如處子，動若脫兔」。冰川腳下的人中海和巴旺海猶如鑲嵌在山谷中的藍寶石，湖光山色、藍天白雲倒映其中，更加嫵媚動人。

登臨貢嘎山後，放眼望去，萬里銀白的雪域匍匐在山下，遼闊的視野和由山體的高度而產生的登山成就感讓人震撼。不過由於其海拔非一般山峰可比，周圍繞以峭壁，狹窄的山脊猶如傾斜的刀刃，坡壁陡峭，岩石裸露，坡度的高度落差極大，因此要求登山者做充分準備，以免因勞累和寒冷導致半途而廢。1932年，美國人首次成功攀登貢嘎山。1957年6月13日，中國登山隊登上頂峰。1965年，中國國家郵政局發行《中國登山運動》特70郵票一套5枚，其中第一枚為登上貢嘎山，由此可見貢嘎山在登山者心目中的位置。

飛揚的靈魂之光

→ 梅里雪山

雪山的高山湖泊、茂密森林、奇花異木和各種野生動物是雪域特有的自然之寶。高山湖泊清澄明靜，在各個雪蜂之間的山澗凹地、林海中星羅棋布，且神秘莫測，若有人高呼，就有「呼風喚雨」的效應，故而路過的人幾乎都斂聲靜氣，不願觸怒神靈。完好、豐富的森林是藏民們以佛心護持而未遭破壞的「佛境」。

INFORMATION......

◎ **Location**　　　　　|　地理位置

　　梅里雪山又稱「雪山太子」，當地藏民視為「神山」，位於雲南迪慶藏族自治州德欽縣，處於金沙江、怒江、瀾滄江三江並流地區，北連西藏阿冬格尼山，南與碧羅雪山相接，主峰卡瓦格博峰海拔高達6740公尺，是雲南的第一高峰。

◎ **Climate**　　　　　|　氣候特徵

　　受季風影響大，乾濕季節分明。由於垂直氣候明顯，梅里雪山的氣候變幻無常，雪雨陰晴全在瞬息之間，雨季一般在7～8月。11月到第二年的3月，天氣非常晴朗。

◎ **Best Time**　　　　　|　旅遊時機

　　理想季節是每年10月至次年5月的冬春季，最佳季節是10月底後，天氣晴朗，空氣潔淨，透明度高，常能看到主峰。

　　一山有四季，十里不同天。一座座山峰，好像一個個巨人，巍峨壯麗，神秘莫測。它們有的線條優美，亭亭玉立；有的玲瓏晶瑩，清麗脫俗；有的英武粗獷，氣度不凡。這裡，就是被詹姆斯・希爾頓稱之為「美妙絕倫的金字塔」的梅里雪山。

　　梅里雪山，說它是險峻奇秀的神山一點都不誇張。當你進入梅里雪山腹地時，一排排雪巒綿亙不絕，一座座冰峰接踵而至，彷彿進入了雪山匯聚的世界。梅里雪山是一座龐大的雪山群體，其中最為險峻奇秀的有13座，俗稱「太子十三峰」。如果碰上好天氣，觀看梅里雪山絕對是一種幸福，天高雲淡，風清日朗，雪峰沒有烏雲的纏繞，沒有灰暗的羈絆，一個個神采奕奕。

　　當那傲然屹立於群峰之上的卡瓦格博峰進入眼簾時，方可盡觀奇特的冰蝕地貌之美。在陽光映照下，神山冰峰更是光芒四射，金字塔形的角峰，高聳峻拔。耀眼鋒利的刃脊，規則地矗立著。優美的圍椅狀冰斗，孕育成永久積雪的懷抱。梅里雪山最長的冰川——明永冰川，曲折蜿蜒，灼面奪目，從卡瓦格博峰往下呈弧形一直鋪展到山麓的森林地帶，它綿延十幾公里，寬數百公尺。

　　隨著太陽高度的逐漸降低，卡瓦格博峰變幻出多姿多采的神情與魅力。夕陽下的卡瓦格博峰，披上金色的霞光，盡情地展露出沉入黑暗前那最成熟、最輝煌的美麗。峰下的飛來寺金碧輝煌，喇嘛白塔間，青煙繚繞，經幡飄揚，彌漫著神秘的宗教色彩。梅里雪山是藏傳佛教八大神山之一，在藏民心目中，是至尊

至貴的神山。卡瓦格博，是他們心中的守護神。在拉薩甚至有這樣的傳說：你若今生有幸，登上布達拉宮便可在東南方向的五彩雲層中看到卡瓦格博的身影。

這裡，梅里峰下，一切都是原生的，一切都是自然的，不施一分白，不添一分黛。雲，慢慢散了，梅里峰露出大半個臉，潔白、明淨。旁邊是五虎峰，梅里峰的5個隨從。這應該是梅里峰的「五虎上將」吧。

梅里雪山的天像海水般湛藍、玉一樣溫潤，帽子似的扣在了頭上，低低的，似乎伸手就可搆著；雲，棉花般白淨、紗一樣輕盈，矮矮的，輕輕吹口氣，就在山頂上飛揚了。空氣清透，一縷縷陽光像一群群小孩，輕快地穿過松林，追逐著，嬉戲著，一路灑下片片笑語，留下斑駁身影。流動的風，送來了暖暖的松香，看不見，摸不著，卻聞得到，縹緲的香味從頭頂似流水般流遍全身，舒展開身上每一個毛孔，又從腳下緩緩地滑走。

❀ 梅里雪山山腳下的藏傳佛教建築。

見到美麗的雪山之巔固然是美事，但人們更醉心於長途跋涉的朝觀過程。在這個過程，可以深深地體會藏民百折不回、繞山轉經的虔誠與信仰。對於每個人來說，過程同樣是精彩、快樂而美麗的。

不去天堂，就去梅里。

不 可 不 看 的 地 方

1 >> look 雨崩村：

雨崩村在主峰卡瓦格博南側，女神峰緬茨姆北側，五佛冠冰川下，是一個幾乎與世隔絕的雪山下的美麗村莊。

2 >> look 月亮灣峽谷：

瀾滄江在德欽境內流經150公里，在梅里雪山下形成月亮灣峽谷，圓月之夜，俯瞰高山峽谷，江水如帶。

不可不看的地方

Take My Tips!

未知與期待

雅魯藏布大峽谷

非去不可的理由

　　如果要給雅魯藏布大峽谷的景色做個概括的話，那就是「雅魯藏布大峽谷秀甲天下」：山秀、水秀、樹秀、草秀、雲秀、霧秀、獸秀、鳥秀、蝶秀、魚秀、人秀、村秀……

　　有人說雅魯藏布大峽谷就像佛教中幻化縹緲的香巴拉聖殿一樣，是帶給人類充滿未知和期待的秘境。南迦巴瓦峰的雪霽雲霧之下，是地球表面永恆的魅力之一，雅魯藏布大峽谷雄偉、險峻、奇特、秀麗、神秘、聖潔，成為大自然奉獻和人類歷史探求的另一種輝煌。如果你沒有見過它，你就不能說見過了最壯美的

峽谷。

　　世界上海拔最高的河流雅魯藏布江，生生地切開了橫亙在前面的世界上最高的山喜馬拉雅山脈，彎彎曲曲地流經西藏南部，圍繞南迦巴瓦峰形成了一個舉世無雙的高特馬蹄形大拐彎，隨後進入墨脫縣，最後到巴昔卡，全長504.6多公里。大峽谷兩側，壁立高聳，南迦巴瓦峰和加拉白壘峰，巍峨挺拔，直入雲端。峰嶺上冰川懸垂，雲霧繚繞，氣象萬千。在南迦巴瓦峰與加拉白壘峰間的雅魯藏布大峽谷最深處達6009公尺，圍繞南迦巴瓦峰核心河段，平均深度也有5000公尺左右，其深度遠遠超過科羅拉多大峽谷，當之無愧為世界第一大峽谷。

　　雅魯藏布大峽谷秀甲天下，它的水秀，從萬年冰雪到沸騰的溫泉，從涓涓溪流、簾簾飛瀑直至滔滔江水⋯⋯大峽谷的山秀，從遍布熱帶季風雨的低山，一直到高入雲天的皚皚雪山和茫茫的林海及聳入雲端的雪峰。大峽谷處處景色，處處不同。

　　大峽谷是青藏高原最大的水氣通道，使藏東南地區成為「世界最高的綠洲」，這裡雲遮霧繞，氣象萬千，放眼望去，高處雪山冰川，其下滿山滿坡鬱鬱蔥蔥的原始森林，冰川往往能游弋到亞熱帶的常綠闊葉林中；春日桃花百里，秋日葉紅似火，夏日漫山遍野綻放著爭奇鬥豔的各色杜鵑。山前河谷，清溪碧流，湖水蕩漾，湖灘平原，水鳥飛翔，牛馬漫布；山麓坡上，松林杉木，挺拔俊秀，林中獼猴攀跳。真是「似江南，非江南，又勝江南」。

不 可 不 看 的 地 方

1 look
扎曲村寨：

　　這是眺望南迦巴瓦峰和加拉白壘峰，俯視雅魯藏布江的馬蹄形拐彎和帕隆藏布的直角形拐彎的最佳地點。如果你能登上扎曲，那麼沿線的風光都是你不能不看的，峽谷叢林、大瀑布、溫泉、雪山湖泊、墨脫縣的村落⋯⋯

2 look
涅喀瀑布：

　　涅喀在藏語中是魚嘴的意思，每年春夏之交，下游的魚要在這裡聚集，等待水漲後游向上游，形成一個天然的魚庫。涅喀瀑布是地質構造斷裂形成的，一塊巨大的圓形岩石阻礙江水下流而形成巨大的落差。

民風淳樸的大峽
谷內民居一隅。

去大峽谷一定要沿雅魯藏布江江岸前行，各種形狀的黑色石礁在不寬的江面中凸現著，江水拍石之聲震耳轟鳴。抬頭是絕壁千丈，青天一線，前方活脫脫是巨獸利齒森森的牙床，下面到處都是會吞吃人的狹長石隙，一些地段的路看著平實，其實不過是落葉鋪就的厚厚腐殖層，走時得百倍小心。一路上還不時能見到冰崩壓倒的樹木，多是些兩三人都合抱不過來的大樹，鳥鳴穿林，幽幽前路，絕對是一種勇氣的考驗。

如果時間充裕，不妨在大峽谷中選擇一處村落小住數日，大峽谷深處的墨脫至今是全中國唯一未通公路的縣城，但是在藏族人心目中是宗教信徒朝聖的「蓮花寶地」。那裡居住著門巴、珞巴、夏爾巴人……在「上山到雲間，下山到河邊，說話聽得見，走路得一天」的高山峽谷之中，仍維持獨特的生產方式和風俗，質樸而聖潔。卡布村山泉環繞，用竹子破開的引水槽架在空中，彎彎拐拐，向南、西、東輸送著泉水，孩童在泉水旁嬉戲，婦女在水槽旁忙碌；達古村、達林村、吞白村……大峽谷深處的村莊散散落落，時間在那裡是靜止的，你不禁會感嘆，仙人的生活也不過如此吧！

雅魯藏布大峽谷的神秘面紗一層層被世人揭開，如出水芙蓉般屹立在世界的東方，是大自然對人類最慷慨、最豐盈的饋贈，我們所需做的就是保護。享受其美景更要保護其美景，不然就愧對這個世界之最的厚愛。

INFORMATION ○○○○○

◎ Location | 地理位置

位於西藏東南部，在米林縣境內的南迦巴瓦峰腳下，大峽谷最深6009公尺，平均深度為5000公尺，無論從長度還是深度上，它都是地球上最長和最大的河流峽谷。峽谷的南側是南迦巴瓦峰，北側是加拉白壘峰。

◎ Climate | 氣候特徵

這裡是世界上山地垂直自然帶最齊全豐富的地方，從高山冰雪帶到低河谷熱帶季風雨林帶，宛如從極地到赤道，由於受印度洋暖濕季風的影響，氣候溫暖潮濕，年均溫都在5℃以上。

◎ Best Time | 旅遊時機

4～10月。

雅魯藏布大拐彎從米林縣派區開始，朝東圍繞南迦巴瓦峰做馬蹄形彎曲，
大峽谷內從海拔數百公尺的谷底到海拔7782公尺的南迦巴瓦峰頂，9個垂直自
然帶湯谷坡依序分布。

秘境探幽

神農架

非去不可的理由 →　→

　　神農架披著一層神秘的外衣，撩撥著世人前往，偏偏它是那麼實在，處處風光，處處精彩。每個角落都有故事講給你聽，它的大氣、它的詭異、它的風情……攝人心魄，每個人都能在這裡找到自己所鍾情的，所留戀的。

- - -

　　千百萬年來，神農架藏在秦巴深處人未識，像未出閨閣的少女吸引了無數的有情郎。相傳上古時代，神農氏曾在此遍嚐百草，為民治病。由於山峰陡峭，珍貴藥草生長在高峰絕壁之上，神農氏就伐木搭架而上，採得藥草，救活百姓，神農架因此而得名。

　　神農架的美麗是無庸質疑的，山巒疊翠，激流飛瀑，無數神奇的植被不遺餘力地爭相炫耀自己的美麗，綠色、紅色、黃色、

白色……每一種色彩都是那麼豐富，點綴著巍峨的、連綿起伏的群山。

　　當正沉浸於群山的美麗時，風景埡悄然來到了。眼前頓時豁然開朗，層層疊疊的山巒，白沱沱的雲霧瀰漫在周圍，在山間飄蕩，看上去亦真亦幻，宛如八仙過海裡的奇景。據說風景埡的風景10分鐘內可以變換多種，忽雲、忽霧、忽晴空萬里……讓人百看不厭。其實在神農頂、風景埡、燕子埡、天門埡，都可以看到雲海奇觀，但往往山高霧大，讓你雲深不知處，不由得不心生恐懼。

　　在這些海拔兩千多公尺的山林間，分布著很多巨石，這就是被稱為「高山上的石林」的板壁岩。來到這裡，會讓人們懷疑這些石頭是否從天而降，在這裡你可以充分發揮想像。板壁岩就像一個山頂迷宮，箭竹漫山遍野，和遍地的高山草甸及挺拔的冷杉構成了一幅美妙的畫面。林立的怪石，千姿百態、變幻莫測，最吸引目光的是北坡上的一尊尊巨石，如母子相偎，又如戀人細語。

　　神農架的原始林區高達40餘公尺，遮天蔽日，如擎天玉柱，直插雲霄，遍布整個神農架，被譽為「華中屋脊」。這裡生長著2000多種植物，聚集著500多種野生動物。林內松蘿蔓藤密掛枝間，把整個原始森林裝扮得神秘莫測，這也是傳說中「野人的出沒地」。腳下軟軟的是厚厚的腐葉層，每一株樹的枝幹上都長著

❀ 蒼茫的林海，完整的原始生態系統，豐富的生物多樣性，宜人的氣候，原始古樸的內陸高山文化，共同構成了神農架絢麗多姿的風景畫卷。

不可不看的地方

1 look
大九湖景區：

是神農架山脈西端的起點，距松柏鎮3公里，可通往巴東神農溪。是以高山草甸、濕地和牧場、土家族民俗觀光度假為主的風景區。

2 look
木魚景區：

在林區南部，海拔1200公尺，氣候涼爽，水源充足，距三峽水利樞紐工程中堡島僅100公里，距松柏鎮112公里。該景區以神農文化為內涵，集淳樸小鎮與珍稀瀕危古樹為一體。主要景點有：神農祭壇、小當陽、香溪源、杉樹坪原始森林。

 神農架山地陡峭，植被垂直分布規律十分明顯，呈現「山腳盛夏山嶺春，山麓豔秋山頂冰，赤橙黃綠四時備，春夏秋冬最難分」的奇妙景象。

厚厚的青苔，不知名的樹藤蜿蜒而上，似乎有白霧彌漫，更有禁區凸顯其神秘，傳說不慎闖到禁區的人會神秘失蹤，連屍骨都找不到。

一路行進前往神農頂，林海茫茫。參天古樹，頂天擎雲。少頃，海拔陡然升高，醺醺然恍若雲中行。綠水盡頭，奇峰競秀，林海深處，雲霧繚繞。枯藤老樹，依山傍水，青林翠竹，四時俱備。立在神農頂上，千丈絕壁下，濃霧繚繞，霧中若隱若現的千

峰萬壑頓時呈現驚心動魄的猙獰。

神農溪發源於神農架的莽莽青山之中，溪水清冽明淨，兩岸山峰奇峻。自溪口上溯依次有龍昌洞峽、鸚鵡峽、錦竹峽，又稱「神農三峽」。此三峽的風光不亞於長江三峽，「險、秀、雄」各具特色，崖壁上散布著古棧遺跡，危崖千仞的半山腰殘留著古代巴人和僚人的崖葬懸棺，還有詭秘莫測的土家先民居住的洞穴。

神農溪沿途接納17條溪，8處百尺瀑布，且多暗河分布其間。其實，此處最有韻味的便是神農溪漂流，神農溪漂流使用的是一種形似豌豆角的扁舟。坐上這種古香古色的小船，在碧水清波上悠然漂流，會使你感到一種原始的野趣。人與舟漂行其中，簡直被翠色包圍，不由心淨如洗，使人有一種遠離塵世的感覺。

提起神農架，不得不說起此處神秘的生物，白熊、白蛇、白喜鵲、白猴、白獐、白麂、白烏鴉，甚至還有白蛤蟆，古今中外還沒有一個地方能發現像神農架這樣眾多的奇異的白化動物。如果幸運，能夠與其中一二相逢，真是不虛此行。由於喀斯特地貌發育所致，神農架境內洞穴密布，疊轉迂回，千奇百怪。有萬燕棲息的燕子洞，時冷時熱的冷熱洞，一日三潮的潮水洞，盛夏冰封的冰洞，常年颶風的風洞，絕壁生花的水簾洞，水晶宮似的三寶洞……神秘離奇，令人驚嘆。

神農架還有眾多未解之謎，不妨沿神農的足跡來此探險，一處神農架足以抵得萬千景區。

INFORMATION ○○○○○

◎ Location　　　|　地理位置

神農架位於湖北省西部邊陲，面積3250平方公里，林地占85%以上，森林覆蓋率69.5%。東與湖北省保康縣接壤，西與重慶市巫山縣毗鄰，南依興山、巴東而瀕三峽，北倚房縣、竹山且近武當，是中國唯一以「林區」命名的行政

◎ Climate　　　|　氣候特徵

神農架是長江和漢水的分水嶺，位於中緯度北亞熱帶季風區，隨海拔增高，依次迭現暖溫帶、中溫帶、寒潮帶等多種氣候類型，境內極端低溫-21℃，極端高溫38.5℃。

◎ Best Time　　　|　旅遊時機

☀ 每年的6～10月為神農架旅遊的最佳季節。不過12月至次年2月的神農架雪場也不容錯過。

最熱情的土地
騰沖

非去不可的理由

　　騰沖之行，絕對是體驗式的旅行，值得用心去體會儒雅，用情去看待自然，用雙腳去探險，用雙手去撫摸，用自己的身體去體驗。這是一幅瑰麗的畫卷，不是簡單的素描。

———————✦———————

　　從地球的這一端走到另一端，是旅遊；身未動，心已遠，也是旅遊。其實旅遊更多是一種體驗，一個概念。雲南西部的騰沖遊便是一種人文歷史自然融匯的體驗，心靈所受的震撼讓你無法言說。

　　海拔1600多公尺的騰沖位於高黎貢山西麓的一個壩子裡。群山萬壑無數，青峰混合於雲山環抱中淺淺的大草甸，清新寧靜別

無污染的黑土地上面長滿了牧草，山上覆蓋著大片大片知名或不知名的野草藥類，構成山地美輪美奐的人間仙境，恰如唐代詩人王維筆下的《終南山》：「……連山到雲隅。白雲回望合，青靄入看無。分野中峰變，陰晴眾壑殊。」

到邊城騰沖，必去僑鄉和順。到了和順，一定要走進那些小巷深處的僑鄉人家。和順的整個住宅依山而建，漸深漸高，層次感很強。村中的大路小巷，全都是石板路，感覺非常古樸，600年的風雨在每一條巷道的每一塊石板、每一片青瓦、每一垛灰牆上，都刻下了深深的印痕。淙淙的溪流，流不完邊地古鎮的儒雅傳奇。那些奔走夷方的和順人，他們難忘故里情，便在湖畔溪旁修建了一座座可遮風擋雨的洗衣亭，站在任何一條巷口，幾乎都可以望見這些小亭子。睹物思人，亭裡搗衣聲，悠悠親人情。有人說與麗江相比，和順古鎮更加原生態，這才是彩雲之南的故鄉。

在和順大石巷，有一座依彎曲的小巷而設計的中西合璧的老房子，那就是著名的「永茂和」商號的彎子樓。那彎曲的牆體，不正是大雅和順的精神文化內涵嗎？而水碓村巷口的艾思奇故居，同樣是一種象徵。依山臨水的西式老房子，門前閃現著毛澤東題贈艾思奇的「學者、戰士、真誠的人」8個大字。

而更能代表和順文化的其實是和順鄉村圖書館，極地邊城有中國最大的鄉村圖書館，藏書非常之多。在和順文化

🌺 騰沖的火山。

INFORMATION ○○○○○

◎ **Location** ｜ 地理位置

　　騰沖位於雲南西部，西與緬甸毗鄰。距昆明770公里，面積5848平方公里。

◎ **Climate** ｜ 氣候特徵

　　騰沖屬熱帶季風氣候，平均氣溫14.8℃，冬無嚴寒，夏無酷暑。

◎ **Best Time** ｜ 旅遊時機

☀ 四季均可，春、夏兩季更具特色。

腾冲热海是一個熱氣蒸騰的山谷，有14處溫泉群，最有名的要數大滾鍋。大滾鍋，是一處水面溫度達96.6℃的沸泉。泉成圓形，近看，溫泉池沸水噴湧，浪花翻卷，沖天蒸汽若雲若霧，源源不斷。

之津的舟楫穿梭如織，中國士大夫們所鍾情的那種儒雅，出世的情調彌漫在空氣中，蒸騰在天地間，浸潤到人的骨縫裡。

腾冲確實為神奇之地，每一個角落都飄溢著空靈的人文氣息，它更向人類炫耀著大自然的神奇。這裡有中國最密集的火山群和地熱溫泉。90多座火山雄峙蒼穹，80餘處溫泉噴珠濺玉。火山錐萬年屹立，深色無語，與其並生的還有巧奪天工的火山溶洞，勢若萬馬奔騰的熔岩流凝成的石山，幽靜神秘、深不可測的火山口湖，千姿百態的堰塞瀑布。種種奇觀妙景，讓人驚嘆自然的神奇。

火山的雄渾壯闊與地熱溫泉的柔媚形成了陽剛之美與陰柔之美的最佳組合。腾冲泉眼以萬來計數。幾百萬年前的火山餘燼在煮著熱海，熱海真正的魅力在於「蒸」，《徐霞客遊記》裡說「遙望峽谷蒸騰之氣，東西數處，郁然勃之，如濃煙卷霧，東瀕大溪，西貫山峽」，這就是蒸，雲蒸霞蔚就是這種感覺，只是熱海在低處，雲在高處。來到這裡不妨把自己拋進這雲蒸霞蔚中，靈魂在綿綿不絕的蒸汽中遠離了身體，飄向了無邊的天界。

不 可 不 看 的 地 方

1 look
疊水河瀑布：
位於騰沖縣城以西1公里處，騰沖壩子西南端。波濤滾滾的大盈江水由東向西流經此處，從30多公尺高的岩石上跌落，瀑布就像被疊成二折，故稱為「疊水河瀑布」。

2 look
國殤墓園：
位於騰沖縣城西南1公里處的小團坡下，是紀念抗日戰爭時期，為收復騰沖之戰中陣亡將士而修建的陵園。建成於1945年7月7日，安葬有8000多名為抗日捐軀的中國軍人。

3 look
騰沖火山熱海：
位於騰沖縣城西南20公里，這片面積約9平方公里的地熱溫泉集中區，擁有較大的氣泉、溫泉群80餘處，其中10個溫泉群的水溫達90℃以上，山谷間到處可以看到熱泉眼在呼呼噴湧，晝夜翻滾沸騰，四季熱氣蒸騰。

北海濕地是騰沖的另一景致，火山爆發後的灰塵落入湖泊，漂浮其上，萬年之後，水草叢生，風來便飄動。湖水清澈透明，可見水下纏繞的水草和游動的小魚。5月湖面盛開紫色的鳶尾花，8月則遍布純白色的野花。大片的稻田和湖泊，讓人感覺來到了江南的水鄉，從吱吱嘰嘰的竹橋上走過，陽光斜斜地照在草地上，遠處搖櫓人的小船在河道裡靜悄悄地滑行，火山在遠處矗立，水面平滑如鏡，不時有水鳥飛過，頗有「孤鶩與落霞齊飛，秋水共長天一色」之感。

眾多的景致，構成一道動人的風景線，騰沖，絕對值得你放下俗務，來此一遊。

位於騰沖縣城以西1公里處的疊水河瀑布，四周是懸崖峭壁，大盈江水流經此處，從30多公尺的高岩上跌落，響聲雷動，水花四濺，據說在陽光下常現出七色彩虹，非常漂亮。

陽光在冰雪中跳躍

四姑娘山

非去不可的理由

不要說那墨綠色的杉樹林了，也不要說那明鏡一樣的高原海子了，更不必說那萬古不化的雪山了，光是滿山遍野的花就不免讓你回到孩童的天真和頑皮。

***

她的美，讓人窒息，山峰清俊，溪水潺流，花香四溢；她的美，自信而深沉，靜等著每一個有緣來到這裡的人們；她的美，讓人覺得不真實，彷彿身處在仙境一般，讓人沉迷、陶醉；她的美，只有來過，才能感同身受。她就是被西方人譽為「東方聖山」的四姑娘山。

第一眼看她，白雲浮在山頭，宛如美麗的新娘穿著潔白婚

紗。風從天外吹來，婚紗隨風飛向蔚藍的天際。新娘俏麗的臉露出來了，眉、眼、唇，明晰可辨，冰清玉潔。主峰山體陡峭，直指藍天，冰雪覆蓋，銀光照人，湛藍的天空襯托出她那白皙的曲線，清澈見底的溪流猶如一條女子腰間的銀帶穿流於深山峽谷間。

第二眼看她，感動於高原特有的潔淨藍天、皚皚白雪。它們與奇峰異樹、飛瀑流泉、草甸溪流相映成趣、互相交融，形成一幅美妙的人間景觀，讓人不禁感嘆上帝造物的神奇。四姑娘山氣候特殊，垂直高差顯著，動植物資源十分豐富。走在其中，隨處可見不知名的動物、植物，她的山山水水都是那樣的原始、古樸、幽靜和神秘。

第三眼看她，源自於雙橋溝的鍾愛。她縱深30餘公里，峽谷時寬時窄，寬闊處可達數公里，斜坡上覆以廣闊的草坪，溪流蜿蜒其間，兩岸沙棘樹叢生，宛似一條綠色長龍綿延長達數公里。據說，每當金秋，樹葉轉紅，又是一番景色。

第四眼看她，是對於海子的情結。陽光讓萬年的冰川融化了，先是涓涓細流，潺湲而過；後來，萬千細流，匯成小溪；小溪在草甸上蜿蜒曲折，最後匯入海子。海子是高原的明鏡，把藍天、白雲收入懷中。周圍的雪山倒映水中，就好像雪山有一個孿生的姊妹，兩個賭氣，一個要上天，一個要入地。偶爾，天上一

四姑娘山具有濃厚的藏羌風情，藏族人家居住在此。

隻蒼鷹飛來，水裡也有一隻同樣的飛來。水裡的高原無鱗魚，無疑是地球上最幸福的魚，因為在這裡，牠們沒有天敵，善良的藏民也不吃魚。魚成了海子的主人。

3月剛過，不等山上的寒氣完全退去，地下知名的、不知名的野花就迫不及待地探出頭來；1～7月，所有的花朵競相開放，個個都穿上了最豔麗的衣服，有一種誰也不讓誰的氣勢，唯恐自己被比下去了，就這樣，四姑娘山洋溢在一片花的海洋中。烏黑的犛牛和雪白的綿羊，三五成群地也過來湊熱鬧，牠們或徜徉，或聆聽，估計也是為了忙著尋找最美味的芳草，好填飽自己的肚皮。

四姑娘山，一個美輪美奐、讓人魂牽夢縈的地方，令人流連忘返。來到這裡，我們用自然來滌蕩心靈，用原始來回歸自我；來到這裡，我們感動於藍天的純淨、自然造物和民風的樸實。離開這裡，我們會用心去沉澱她給我們靈魂的感悟。我們一直追求生活和尋找生活中讓我們感動的一剎那，而這裡給我們的感動不僅僅是一點點，她給我們心靈的滌蕩和感悟值得我們一生去回味。

四姑娘山下的經幡迎風飄揚。

不可不看的地方

不可不看
的地方

1 look
雙橋溝：
它是四姑娘山最美麗的溝。景區分3段，下段為楊柳橋，有陰陽谷、白楊林帶、日月寶鏡山等奇景。中段為撞魚壩，包括人參果、沙棘林、尖山子、九架海等景點。上段為牛棚子草坪和長河灘等景點。

2 look
海子溝：
全長29公里，面積約為100平方公里，溝內有花海子、浮海、白海、藍海、黃海等10多個高山湖泊，湖水清澈見底。

3 look
長坪溝：
景區內有古柏幽道、喇嘛寺、乾海子及高數十公尺的飛瀑，並有奇石之景。春天，山花與油菜花齊開；秋日，赤樺與紅楓競豔。

TakeMy Tips!

瑰麗絕妙的畫廊

長江三峽

非去不可的理由 　→　→

今天再遊三峽，已不簡簡單單只是為了景色。長江三峽的一山一水，一景一物，是詩是畫，流淌在幾千年的中華文化的血脈裡，浸染了世世代代的中國人。

────────✦────────

長江三峽是一個讓人看過久久不能忘懷的地方，一個不能僅僅以「景色」簡單視之的地方。旅遊有兩種意境，一為自然風光，一為人文景觀；前者是對大自然美景的欣賞，後者是對歷史發思古之幽情。若兩者同時具備則為旅遊之勝地，三峽就屬於此類。

一路奔瀉而下的長江，河谷寬闊，浩浩蕩蕩，可到三峽時突然被群峰束腰夾住，江水怒騰，惡山崢嶸。山水相搏達數百里，長江方逃出三峽，峽中也地裂山崩，傷痕累累，卻也成就了長江三峽壯麗的景色。有人稱頌長江三峽，說其之美全在於「壯麗」二字，此言不虛。山、水、泉、林、洞、瀑，相映成趣，相得益彰。身臨其境，可以遊峽谷、賞花草、識鳥音、掏清泉、親溪水、觀巴舞、聽楚歌、覽大壩，這裡無峰不雄，無灘不險，無洞不奇，無壑不幽，無一處不可以成詩，無一處不可以入畫。

觀三峽最好選擇坐船，因為船上風光最好，那些把三峽風光寫到極致的詩賦，想來都是船上所得，江邊的景點更是船工和過客所起。不乘船怎能得三峽之真諦呢？不過乘船也有講究，要選慢船，隨船慢慢漂蕩，輕鬆悠閒，遠處林木蒼翠，葳蕤綿綿，灌木青藤，依崖而下，峽谷上空有雄鷹盤旋，林間樹梢有小鳥喃啾。美景接踵而來，又次第遠去，就像欣賞一幅幅滾動的青綠山水長軸，好似聆聽一首悠然的夢幻天籟之聲。

長江三峽中第一峽為瞿塘峽，西起奉節白帝城，東至巫山的黛溪，全長8公里，是長江三峽中最短的景色卻最為雄奇壯麗。奇峰突兀，懸崖絕壁，山嶺雄峻，如鬼斧神工開鑿而成，兩岸峭壁相距不過一二百公尺，卻如門半開，激流飛下，氣勢磅礡，兩岸青山

在飛禽走獸難以棲身的懸崖絕壁上，古人憑著一鏈一鑿，開鑿出三峽地區龐大的棧道網。三峽水庫蓄水後，大多古棧道都已淹沒水中。

INFORMATION ○○○○○

◎ **Location** | 地理位置

西起重慶市奉節縣的白帝城，東至湖北省宜昌市的南津關，由瞿塘峽、巫峽、西陵峽組成，全長193公里，其中峽谷段128公里。

◎ **Climate** | 氣候特徵

三峽地段屬溫濕的中亞熱帶氣候，氣候受峽谷地形影響十分顯著。最冷的1月份平均氣溫為7.1℃，最熱的7月份平均氣溫為29.3℃；年平均降雨量在1000～1400毫米之間，多集中於7、8月份。

◎ **Best Time** | 旅遊時機

每年10月下旬至12月中旬。

 兩岸高聳陡立的山崖使得江面難見天日。

聳立，蔚為壯觀，「山似拔天來，峰若刺天去，鎖全川之水，扼巴蜀之喉」。船行其中，俯瞰湍急江流，仰望一線天際，心中一定會感嘆「天下雄」非瞿塘峽莫屬。

從10月中旬開始到次年元月中旬，舉目四望，滿山的紅葉燦爛。如果沿瞿塘峽內幽靜的棧道緩行更可見美景，兩旁斑駁的岩壁上是叢叢怒放的紅葉，它們或枝椏挺立，或曲折低垂，天然的野趣叫人心生愛憐。幾間屋舍點綴在山坡，芭蕉橘樹散落在屋旁，農夫躬耕於梯田，童稚嬉戲於原野，山歌呼應於群峰間，漁樵問答於河岸旁。

長江第二峽為巫峽。巫峽，西起巫山大寧河口，東至湖北巴東縣的官渡口，綿延44公里，是三峽中最整齊的一段峽谷。巫峽幽深秀麗，兩岸峰巒奇形怪狀，姿態萬千，峽中西岸擁簇，群峰疊嶂，有12個山峰，婀娜多姿。尤以神女峰最為神奇，恰似一個亭亭玉立的少女，峰上雲遮霧繞，恍惚間好似神女駕祥雲飄然而至。民諺云：「巴東三峽巫峽長，猿鳴三聲淚沾裳。」山中的猿猴曾幾何時已銷聲匿跡。但巫峽的千年雲雨，在現在還不失一種

奇觀—— 如黛的遠山被濃濃的大霧遮掩「廬山真面目」，並時時變幻著模樣，一會兒與天銜接成一塊，看不清山的走向和起止；一會兒露出濃墨似的一塊山頂，如夢如幻，頗有國畫的寫意味道。

長江三峽最後一峽為西陵峽，它因西陵山而得名。該峽西起秭歸香溪口，東到宜昌南津關，全長76公里，是三峽中最長的一個峽。

峽中有峽，大峽套小峽；灘中有灘，大灘含小灘。燈影峽、空嶺峽、牛肝馬肺峽、兵書寶劍峽……奇峰剪影、山野情趣。不過，葛洲壩的建成使水位提高，出現「高峽出平湖」的奇跡。

❀ 長江三峽中段的神農溪，溪水碧綠明淨，兩岸錦翠掩覆，小舟漂行其間，如入翠宮。

不 可 不 看 的 地 方

1 look
豐都：
位於長江北岸，是傳說中的鬼城。豐都有保存完好的明朝建築奈何橋、陰王二仙塑像、皇城幽都、大雄殿、玉皇殿、百子殿、天子殿、鬼門關等。

2 look
三峽大壩：
位於西陵峽中段的湖北省宜昌市境內的三斗坪，壩前是「高峽出平湖」，壩後是萬馬奔騰的江水，給古老的三峽增添了別樣的感覺。

3 look
大寧河小三峽：
長江三峽中的第一條大支流，發源於大巴山南麓，經重慶巫溪、巫山兩縣後注入長江。大寧河是一條美不勝收的河流。大寧河上也有一個三峽：為滴翠峽、巴霧峽、龍門峽，人稱「小三峽」。風光千姿百態，神秘莫測，峽中奇峰突起，插入雲霄，兼有長江三峽之勝，又別有洞天。

中國最神秘的大峽谷

怒江大峽谷 >>>

非去不可的理由

　　怒江大峽谷景致遼遠，古山古水如天風晃月般幽曠蒼涼，
風濤陣陣如狂濤巨浪般壯美絕響，原始古樸如世外桃源般清靜
雅致。它那以柔克剛永不屈服的頑強與堅韌，它那胸懷一切的
博大和浩瀚，它那滋養生命的真誠和博愛，帶給我們的不只是
風光的旖旎，更是心靈的觸動。

　　走進怒江大峽谷，就走進了世界上最神秘、最古樸、最原始
的東方大峽谷。

　　怒江大峽谷有「水無不怒石，山有飛來峰」之稱。兩岸山勢
陡峭，堪比蜀道；上摩蒼蒼，下履漫漫，高山夾峙，危岩嶙峋；

滔滔的怒江水咆哮著從大峽谷中穿過，好似奔騰向天的一群桀驁不馴的野馬。山腰原始森林鬱鬱茫茫，遮天雲霧在大峽谷上方縈繞。

怒江從千里雪域高原咆哮宕而下，九曲十灣。怒江第一灣雪浪拍壁，第二灣則陡然平緩；一狀似壽龜，一形為盤蟒，一龜一蟒使這個地方充滿著神秘而靈動的氣氛。石門關處兩座絕壁直插入江中，崢嶸的石岩拔地矗立，如刀劈斧削的堅實大門。奔騰的怒江在這夾縫般的峽谷中左右衝撞，發出雷霆般的怒吼，滔滔地向南奔瀉而去。唐代邊塞詩人岑參的詩云：「雙崖倚天立，萬仞從地劈。雲飛不到頂，鳥去難過壁。」真正地寫到了極致。兩面大絕壁倒映江中，天光雲影也倒映江中，一切景物分不清是在天上還是在水裡。福貢石月亮是谷中的一大奇景，它實際不過是高黎貢山上的橢圓形大洞，晴空朗朗下，清晰可見山峰拖著一輪明月高懸於天，俯視著怒江大峽谷的山水滔天波卷浪舒。

「一山分四季，十里不同天」是怒江大峽谷奇特之處，河谷裡翠綠如碧，山巔上卻是冰雪層疊。奇花、怪草、異樹在這裡茂盛地生長，野獸珍禽在這裡嬉戲安居。沿怒江的瀘水、福貢、貢山等幾個縣境內生活著傈僳族、怒族、獨龍族、藏族等多個少數民族。不同的民族和村寨，不同的宗教和流派，不同的風俗和習性，在這塊土地上組合成寧靜清遠的世外桃源。如果尋找一個美麗的地方詩意地棲居，可以選在怒江大峽谷深處。

這裡有世界上最淳樸、最平和的人們。他們日出而作，日落而息，天很藍，遼闊坦蕩；雲很晶瑩，像雪山頂上未融的積雪。清新的風兒徐徐地吹動，一壟壟閃著金黃光澤的稻田上，成熟的稻子搖曳著自己的金色衣裳，錯落的屋舍掩飾在參差的綠樹中，白色的教堂頂隱約閃現，空氣中漾動著泥土特有的芬芳，一切都沉靜到了極點，純粹到了極

INFORMATION

◎ Location | 地理位置

位於雲南怒江傈僳族自治州。怒江發源於青海唐古拉山的南麓，流經西藏、雲南、出國境穿過緬甸，最後注入印度洋。雲南境內的怒江，奔騰於高黎貢山與碧羅雪山之間，兩山海拔多在4000～5000公尺，怒江河床海拔僅800公尺左右，河谷與山顛等相差達3000～4000公尺，形成著名的怒江大峽谷。

◎ Climate | 氣候特徵

四季溫暖，冬季日夜溫差較大。

◎ Best Time | 旅遊時機

☼ 每年10～11月，2～4月。

不可不看的地方

1 look
石門關：
位於丙中洛附近，怒江流經此地時，
江東的碧羅雪山和江西的高黎貢山之間頓時
陡狹，猶如兩扇敞開的巨大石門，江水由此沖出，怒吼著一瀉千里。

2 look
丙中洛：
是怒江州最大的高山平地，也是怒江州最富庶的地方。這裡滿眼
都是平展的梯田，三面環山，峽谷深處，它天堂般的美麗和神秘被譽為
現實版的世外桃源。

點。

很久以前，傳教士曾在這裡傳教，濃濃的宗教氛圍現在依然
彌漫著。天主教、基督教、藏傳佛教共存，一家人信仰自由，互
不干涉，這是一種只有用神話才能描述出來的神秘。百花嶺的傈
僳人並不識字，卻能靠殘存的記憶吟誦著貝多芬的《歡樂頌》，
頌歌聲像一陣陣溫馨的清風，那麼溫潤，那麼輕柔，那麼純淨，
那麼聖潔！行走在這天籟之聲中，似乎要與眾神相會……怒江大
峽谷庇佑著它的子民，隔絕了外界的喧囂，也成就了自身的神
秘。

怒江從西藏進入
雲南後，遭遇懸崖
絕壁的阻擋，由原
來的南北流向急速
改為由東至西，西
轉300公尺後，又
遭遇陡坡，再次轉
彎，向東流去。

Chapter 04

懷舊美景

麗江古城
烏鎮
平遙古城
周庄
鳳凰古城
安徽民居
福建土樓
開平碉樓

東方威尼斯

麗江古城

非去不可的理由

　　有人說，100個人到麗江會發現100種麗江風景，可以發思古之幽情，也可以感悟人生。麗江對都市人最大的吸引，莫過於它總是安安靜靜、不動聲色地在那裡等待著你的獨特發現。

* * *

　　「家家門前垂楊柳，戶戶房後清水流。」流動的城市空間、充滿生命力的水系、風格統一的建築群體、尺度適宜的居民建築、親切宜人的空間環境以及獨具風格的民族藝術內容等，使其有別於中國其他歷史文化名城，它就是有「東方威尼斯」之稱的麗江古城。

踏著五彩石鋪就的街道緩緩步入古城，望著身邊歡快跳動的小溪，聽著它奏出的一個個音符，豁然而悟：以山為骨架，以這古老的建築為肌膚，那這水不正是古人賦予古城的靈魂嗎？終於知道為何玉河水來到古城後一分為三了，不是要古城形似江南，也不是要古城變成東方威尼斯。古城是有生命的，它需要使它生命沸騰的熱血！

在麗江古城，可登高攬勝，觀古城形勢。古城巧妙地利用了其特有的地形，西有獅子山，北有象山、金虹山，背朝西北面向東南，避開了雪山寒氣，接引東南暖風，藏風聚氣，占盡地利之便。在這裡，可臨河就水觀古城水情。古城充分利用泉水之便，使玉河水在城中一分為三，三分成九，再分成無數條水渠。使之主街傍河、小巷臨渠，古城因此清淨而充滿生機。在這裡，可走街入院賞古城建築。古城建築全為古樸的院落民居，房屋構造簡單、粗獷，而庭院佈置和房屋細部裝飾則豐富而細膩。居民喜植四時花木，形成人與自然的美好和諧。在這裡，可入市過橋覽古城布局。古城布局自由靈活，不拘一格，再加上民風民俗，發展出無窮意趣，使古城獨具魅力。

 麗江古城的建築，融匯了白族和漢族的建築特色，灰瓦、土坯牆、木結構。

古城從宋末至今已經歷了800

INFORMATION ●●●●●

◎ Location　　　｜ 地理位置

　　位於青藏高原東南邊緣、滇西中北部，坐落在麗江壩中部，海拔2400餘公尺，是中國歷史文化名城中唯一沒有城牆的古城。

◎ Climate　　　｜ 氣候特徵

　　受南亞高原風影響，其氣候垂直分布明顯，晝夜溫差較大，有「一天四季」之說。

◎ Best Time　　　｜ 旅遊時機

☀ 春、夏兩季。

多年的風風雨雨，在這800多年的風雨輪回中，它拒絕了現代都市文明的誘惑，依然保持著它的最初。也許有人這一生都在尋找一個寧靜的世界、一個無爭的世界。但有誰會想到在滇西北高原、在一個遠離現代文明的邊陲小鎮，竟存在著一個能讓時光停滯的世界。

　　古城的泉水富有音韻，清澈的泉水分三股主流穿城而過，在城區又變幻成無數支流，穿街走巷，入院過牆，流遍萬戶千家。黑龍潭是玉河水的源頭，泉水從四周山麓的古老栗樹下、岩隙中噴湧而出，在此匯成一個巨大而又神奇的出水潭，成為古城生機勃發的奧秘。

　　而山腳下的小屋、河邊的店鋪，這些猶如玩具似的、剛好夠一家人居住和使用的建築物，都不是為了形成某種整體的美去破壞與自然的和諧，一切都是那麼隨意地依著山勢、傍著河形一一修建起來的。雖然它們高低不同，但都洋溢著一份自然，所以在這裡因人居住需要而修建的房屋，也就自然地和周圍的一切相默契了，那些參差錯落的屋脊也就讓人感到了它的有規有矩，從

不 可 不 看 的 地 方

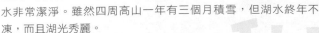

>>1 look
瀘沽湖：
位於雲南寧蒗縣與四川鹽源縣之間，意為「山溝裡的湖」。自然環境破壞輕，湖水非常潔淨。雖然四周高山一年有三個月積雪，但湖水終年不凍，而且湖光秀麗。

>>2 look
玉龍雪山：
是雲嶺山脈中最高的一列山地，由13座山峰組成，主峰扇子陡海拔在5596公尺，是雲南第二高峰。

中也使人體會到了古人哲學思想「混沌理論」的精髓：無序中有序，有序中又無序。同時也在告訴我們：「人與自然是可以達成和諧的！」

小憩於水旁的茶座，茶香撲鼻而來，看腳下流水歡暢，迴旋的波紋輝映著古城五彩的夜色，任憑弱柳拂風掠面，聆聽對面閣樓傳來憂傷纏綿的納西古樂，流水、岸柳和傳統古樸民宅交織一起，古色古韻，使人身心陶醉於古城歡悅的夜空下，讓煩躁的心靈慰藉於古城溫馨的暮色裡。

麗江古城帶給你的不僅僅是遠離都市的喧鬧和繁華，古城給你最大的一個感覺是「靜」。這裡的靜不同於空曠的森林和大漠給你的孤寂，那是一種讓你覺得不安的靜；這裡的靜不同於寧靜的古剎帶給你的沉重，那是一種讓你覺得拘束的靜；古城給你的靜是一種融入、一種和諧、一種與世無爭的靜。

當你漫步於晨輝中、夕陽下，看著納西老阿媽三三兩兩散坐在柳樹下細訴從前時，難道感覺不出歲月的滄桑、古城老去的容顏都刻錄在她們帶著皺紋的額頭上嗎？

的確，當你在現實中迷失了自己，在都市中找不到方向時，不妨踏入小城。古剎的悠遠、道觀的清新都遠遠不及古城帶給你的寧靜和與世無爭，它等待著你的到來！

城內早年依地下湧泉修建的白馬龍潭和多處井泉至今尚存，人們創造出「一潭一井三塘水」的用水方法，頭塘飲水、二塘洗菜、三塘洗衣，清水順序而下，既科學又衛生。

中國最後的枕水人家

烏鎮 >>>>>

非去不可的理由

　　烏鎮，是有著1300年歷史的江南水鄉古鎮。從872年建鎮以來，烏鎮鎮名未變，鎮址未變，水系未變，生活方式未變，傳統建築百年風雨，依舊完好。烏鎮有著悲歡一樣分明的黑白，乾淨裡摻雜著幾許沉靜，經過千年的洗練，它的沉穩和從容不迫的淡定，是歲月積澱的豐富，需要細細品味，才得真諦。

　　烏鎮是中國江南的封面，「小橋、流水、人家」的韻味彌漫在烏鎮的每一個角落。以河為街，橋街連連，河畔築屋，大院深

宅，烏簷白牆，河埠廊迴，過街騎樓，穿竹石欄，臨河水閣，古香古色，水鎮一體，彷彿都在暗示著一種情致，一種氛圍。

烏鎮的民居都呈現出一派青黑色，只是深淺稍略不同，像一幅水墨均勻的中國畫一般掛在這個靈動的空間。小鎮擁有羊腸般的水巷，在西柵隨便找個巷子吧，最好是能讓人迷路的那種，狹小的、幽深的巷子。走在巷子裡，腳下青石板的溝溝壑壑上填滿烏鎮的故事。一個一個通向水道的狹長走道中吹來柔柔的清風，帶著溪水的甘甜味道。那一間間敞開著房門的房屋，雕花的木製隔扇，坐在竹子躺椅上的老人，廊簷下精緻的木雕，就這麼一一呈現在眼前，令人恍如隔世般驚訝和奇妙。

烏鎮共有100多座古石橋，每座橋都有自己的個性和故事。所以舟行其中更能領略烏鎮之美。那些枕河的木閣樓，那些不施脂粉的石橋，似乎在隨著小船的搖晃而飄浮不定。水上閣樓頗有吊腳樓的味道，靠河一端用木柱和石樁支持，擱上木板再搭閣樓，閣樓修建得很是精細雅致。烏鎮的夜晚是無聲的，河道裡蒸騰起的水氣氤氳了水鄉，朦朧了月

烏鎮曾是其周邊地區的集商重地，規模鼎盛時達10萬人之多，從現存的清末建築格局與整體風貌來看，足見當時街肆的繁華。

INFORMATION ·····

◎ Location ｜地理位置

　　烏鎮地處浙江省桐鄉市北端，京杭大運河西側，西臨湖州市，北界江蘇吳江市，為二省三市交界之處。位於江南六大古鎮的中心位置，它離上海只有80分鐘的車程，離杭州僅50分鐘的車程。

◎ Climate ｜氣候特徵

　　屬亞熱帶季風氣候，溫和濕潤，四季分明，年均溫16℃。

◎ Best Time ｜旅遊時機

☀ 春、秋兩季。

色，輕搖船槳，如劃破一池碎銀，在一座座石橋中穿越，好似穿梭一個個時空隧道。

累了，可尋一間臨河的民居水閣住下，體會一下枕水而睡的悠然。水閣是真正的「枕河」，三面有窗，午夜夢回，聽底下水聲訇訇，別有一番情趣。茅盾在一篇題為《大地山河》的散文中這樣描述過故鄉的水閣：「……人家的後門外就是河，站在後門口（那就是水閣的門），可以用吊桶打水，午夜夢回，可以聽得櫓聲飄然而過……」枕邊的櫓聲將你包圍在水的溫柔中，側睡榻上，恍然間聽到流水聲潺潺而過，夢裡水鄉悠然而來，搖搖晃晃的木船就載著如此多的眷戀飄然而過。

寂靜清冷是烏鎮最美的時刻，而靜默獨行是閱讀烏鎮的最好方式。沒有了喧鬧，烏鎮頓時變得古老凝重起來。清晨的烏鎮，萬籟俱寂，流水潺潺，小橋人家，垂柳翩翩，兩旁鱗次櫛比的古風民居倒映在水波裡，歪歪斜斜映照出自己滄桑的身影。在如此的浪漫意境中手捧香茗，斜倚在美人靠上，看屋中汲水，聽櫓聲欸乃，潺潺碧水就在腳下流向了遠方。

如果想體會一下烏鎮人原汁原味的生活，可去西柵的茶館。在西柵，四鄉八鄰的鎮村居民習慣於在清晨搖著船出來喝早茶、趕早市。西柵的這些老茶館規模都不大，兩三間門面，二三十張

經歲月更替，風雨滄桑，保存下來的江南典型水鄉民居群及十幾座古橋梁，訴說著古鎮的清純與從容。

茶桌，參差地排成兩三行。一張正方形的板桌，配上四條狹長的長條凳，再靠一把茶壺，一只茶盅，就留住了西柵兩三百名老茶客。只有在烏鎮這種地方，不經意的一瞥，會有與百年歷史擦肩而過的感覺。

烏鎮是一個適合懷舊的小鎮。烏鎮歷史上是熱鬧的，曾經顯赫一時的商鋪、當鋪、藥鋪在兩岸留下了歲月刻下的道道痕跡，如今依然在記敘著它的故事。窄窄的小巷，隱隱飄來醇厚的酒香，那是烏鎮有名的「三白老燒酒」正在釀製；當鋪一切擺設如舊，隱約中能聽見夥計的報賬聲；「宏源泰」染坊高高晾掛的藍印花布漫天飛舞、雕花、刻板、染整、掛涼全

🦀「家家面水，戶戶枕河」是烏鎮和許多江南水鄉小鎮的相通之處。

然遵循舊時的工藝；音韻鏘鏘的古戲台上正舉行演出，鑼聲嗩吶雖土腔土調，卻著實賣力；還有東柵幕布上面那一段「皮影」傳說，一切都是那麼原汁原味。而烏鎮的人們卻不急著做生意，一如碧波蕩漾、輕舟慢搖，這裡的人們總是從從容容、穩穩當當。老人們或逗鳥、或養花、或聚坐在街心的廊椅上捧著茶壺說東家聊西家、或瞇著眼看不知看了多少遍的本地花鼓戲。

孔橋石徑，碧水輕舟。吳儂軟語中，好一派物我相安的和諧與安寧。烏鎮，簡單、淳樸而不失歷史流逝沉積下來的厚重；澄淨、清幽卻也濃濃的透出江南水鄉的靈秀；熱情、質樸仍令人滿心都是吳越人民的親切。

不 可 不 看 的 地 方

>> 1 look
煙雨長廊：
　　位於西柵，古時是繁榮的商業街，店家特意將房子的屋簷延伸出廊棚，形成1000多公尺長的煙雨長廊。

>> 2 look
茅盾故居：
　　位於烏鎮大戲台的東側小巷裡，它是當代文學巨匠茅盾出生和生活過的地方。

亂世佳人
平遙古城

非去不可的理由

　　如果說麗江古城是純美的少女，靈氣逼人；那麼平遙古城便是底蘊深厚的亂世佳人，風風雨雨卻寵辱不驚。那保存完好的古城牆，那明清時代遺留的建築，那曾經顯赫的全國金融中心的地位，平遙的每一寸土地都會讓你為它感慨良多。

　　漫步平遙古城中，時間是倒流的。古城西門彷彿時間隧道

的洞口，從跨入的那一刻起，就置身在古代漢民族城市的建築、經濟文化氛圍中。古城牆自周代時修建，先後修葺26次。多次的修葺，使平遙古城牆日益堅固、壯觀。上有垛口3000個，敵樓72處，是按孔夫子的弟子3000、賢人72的數字修築的。平遙古城的交通脈絡由四大街、八小街、七十二條巷構成，經緯交錯，多而不亂，小巷的名字都很有特色，不妨買份地圖來個「按圖索驥」，相信那一刻你就想在這平遙小巷中永遠的居住下去。

城內是清一色的青磚灰瓦四合院群，與古城牆共同組成完整的平遙古城。軸線明確，左右對稱，外雄內秀，輪廓起伏，達到了使用功能和建築藝術的完美統一。每個院子，沿中軸線由幾套小院組成，其間多用短牆、垂花門樓分隔，形成「目」字結構，有分有合，渾然一體，真是「庭院深深深幾許」。

古老的平遙是輝煌的，周長不過6000餘公尺的古城承載了豐厚的內容。2700多年的時間裡，它斑駁了青磚砌裏的城牆，剝蝕了朱紅雕琢的城門，乾枯了南門外的兩眼水井。幽深巷道裡青石斑斑，灰禿的瓦礫和空氣中古城散發出的特殊氣息，讓這座北方古城更純粹、更凝練、更簡潔、更寫意。

「走進平遙古城，就如

🌸 平遙明清一條街有「19世紀亞洲的華爾街」之稱，自從平遙旅遊開發以來，古街上慕名而來的遊人如織，熙來攘往，延續著當年的繁榮。

INFORMATION ○○○○○

◎ Location　　　｜地理位置

　　平遙古城位於中國山西省的中部，始建於西周宣王時期（西元前827年～前782年），距今已有2700多年的歷史。它較為完好地保留著明、清時期縣城的基本風貌，堪稱中國漢民族地區現存最為完整的古城。

◎ Climate　　　｜氣候特徵

　　屬典型的溫帶大陸性氣候，氣候溫和乾燥，冬夏溫差大，年均溫為10.2℃，年降水量為540毫米左右。

◎ Best Time　　　｜旅遊時機

☀ 四季均可。

民居門窗上細緻的木雕。

同走進一座大型的歷史博物館。」街市、票號、鏢局、當鋪、道觀、廟宇、商會、老式的戲樓、縣衙署……還有太師椅、雕花的木床、精巧的木雕、磚雕和石雕，有花紋的茶壺、泛光的漆器、手納的鞋底……人都是這樣吧，古舊的東西特別能激發想像力。尤其是周圍人少的時候，就更容易模糊現實同歷史的邊界。現在，在平遙，這麼古老的街巷，這麼古老的房屋，彷彿觸目的任何一個物體都是一條牽人思緒的繩索，只有走下去，看下去，想下去，欲罷不能。

來到平遙不能不提票號，平遙的票號主要集中在古城的西大街上，有中國金融業的鼻祖日昇昌票號，有四聯票號，有寶豐隆票號，有厚德恒錢莊，還有永泉當、永玉當等著名當鋪。

雖然平遙古城沒有紫禁城的莊嚴，沒有鐘鼓樓的肅穆，沒有姑蘇城的柔媚，但是它的氣質從每一座城門溢出，從每一條街道流出，從每一扇舊窗淌出，從每一道雕紋滲出……古老卻並不荒蕪。

不 可 不 看 的 地 方

1 look
鎮國寺：
位於古城北門外，該寺的萬佛殿建於五代（10世紀）時期，目前是中國排名第三位的古老木結構建築，殿內的五代時期彩塑更是不可多得的雕塑藝術珍品。

2 look
日昇昌：
位於平遙城內上西門街11號，是中國票號的鼻祖，當年，山西票號就是在這迅速擴展，並得以在中國商界、金融界叱吒風雲近百年。

熙熙攘攘的古街道，人流如織。

中國第一水鄉

周庄

非去不可的理由

水鄉周莊,因為水而靈動。周莊的水是小家碧玉,淡淡的讓你體味良久,柔柔的讓你心懷不忍。掬一捧周莊的水在手心,就見到了周莊的魂。步入周莊「小橋流水人家」的畫卷中,周莊的水把你帶入了那槳聲燈影裡的舊夢。

一顆珍珠,只有拂去依附在外表上的塵垢,才能看到它璀璨

的光芒。周莊就是這樣一顆珍珠，深藏在澱山湖的秀鬱與波光中近千年後，才拂去它身上的塵垢來到世人的視野中，從而成為文人墨客的靈感之地，更成了江南水鄉的典範。

駁岸、拱橋、水巷，整齊而又狹窄的石板街面，構成了水鄉古鎮的特有風貌。周莊，四面環水，猶如泊在湖上的一片荷葉。南北市河、後巷河、油車漾河、中市河，兩縱兩橫，勾畫出了周莊「井」字型的輪廓。小巷裡印痕斑斑的石板街面、斑駁的老牆、黛色的青瓦、石階上的綠苔、悠長的吳儂軟語、吱吱呀呀的櫓槳，處處飄逸著古風古韻。水巷兩邊的柳樹，兀自嬌姿秀挺；嫋嫋娜娜的柳枝，隨風搖動，搖曳著一片江南水鄉空闊的意境。有風掠過，鱗次櫛比的周莊，有如盆景，清純著江南水鄉的風韻。

周莊人家，粉牆的房屋依水而築，窗櫺交疏，簷角飛翹，陳舊隨意，不改原貌。簷下不時挑起的茶幌酒旗，迎風招展。古鎮中，明清和民國時期的建築保存有60％以上，其中有近百座古宅院第及60餘個磚雕門樓，還有部分過街騎樓和水牆門。這些古建築中，尤以張廳、沈廳氣勢非凡，歷經百年，風姿依舊。張廳初建於明正統年間，箬徑河穿宅而過，正是「轎從前門進，船從家中過」。沈廳是江南民居之最，七進五門樓，庭院深深。正廳松茂堂氣宇軒昂，佈置精當，器皿玲瓏。只可惜如此豪宅終是人去樓空矣。

周莊鎮內保持著完好的「小橋流水人家」的風貌。

INFORMATION

◎ Location ｜ 地理位置

　　周莊位於蘇州城東南，昆山的西南處，古稱貞豐里。

◎ Climate ｜ 氣候特徵

　　屬北亞熱帶濕潤季風氣候，溫暖潮濕多雨，四季分明，冬、夏兩季長，春、秋兩季短。年均溫18.4℃，最冷的1月份平均氣溫為7.1℃，最熱的7月份平均氣溫為29.3℃。

◎ Best Time ｜ 旅遊時機

☀ 四季皆宜。

☀ 夜遊周莊，可以感受並領略到水鄉的別樣風情。

　　如果說水是周莊的魂，那麼橋則是周莊的根。橋在這裡與水共舞、與人共舞。在「井」字型的水道上，完好無損地保存著元、明、清不同年代建造的石梁橋和石拱橋共14座。小小的石橋，跨立在靜靜的河水上，猶如一道道彩虹，連接起了小河彼岸的人家。周莊的橋，古意樸拙，形態各異，耐人尋味。貞豐橋畔詩韻悅耳；雙橋連袂而築，猶如鄰家女孩，最能體現古鎮的神韻；而橋樓合璧的富安橋，宛如閣中飛橋，又像橋上建屋，自然成為古鎮的象徵。橋上深淺不一的輪轍，消磨殆盡的雕刻，就連攀附在橋上的藤蔓都顯示出一種凝重與古樸的美。撫摸著那滄桑的橋廊，彷彿聽見周莊往日的呢喃。

　　暮色上到屋簷，周莊的另一種風情才開始上演。古鎮的夜晚安靜得出奇，河道兩旁的舊式建築低矮、綿長，華燈映水，古舟凌波，彷彿是凝彩的水墨被攪亂，船槳把燈影斑駁的影像蕩碎了，只留下船尾被逗起的縷縷漣漪。河中升起了縹緲的水霧，水霧中飄出了吳歌聲聲，越曲點點。一輪皎潔的明月靜靜地浮在中間，令人心生「不知天上宮闕，今夕是何年」的感嘆。

　　有人說，「上有天堂，下有蘇杭，當中一個周莊」。此言不虛，不然也不會有那麼多名人在此流連不忍離去。著名畫家陳逸飛在她的身側，用畫筆描繪她的倩影，於是有了以周莊的雙橋

為素材的油畫——《故鄉的回憶》。周遊世界的三毛曾經來過，在春雨的黃昏，隔著車窗，看到天地間時隱時現的阡陌、村舍、湖水，不由神情激動，眼淚汪汪。吳冠中不僅作畫《船從家中過》，更撰文說：「周莊集中國水鄉之美。」柳亞子也與諸友在此題寫下了數百首詩篇，「貞豐橋畔屋二間，一角迷樓夜未央。盡有酒人傾自墜，獨留詞客賦朱顏」的詩句至今傳唱。

周莊是一首明清時期遺落的江南民謠，古樸、自然、靈動，是需要用心聆聽的；周莊是一杯很醇的茶，是需要慢慢來品的；其實周莊更是我們夢中的水鄉，是我們一直尋找，一直想去，一直沒有成行的那個地方……

周莊兩岸，富有水鄉特色的建築如過街騎樓、臨河水閣和穿竹石欄比比皆是，河道上跨著保存完好的元、明、清歷代石橋14座。

夢之故鄉

鳳凰古城 >>>>

非去不可的理由

　　吊腳樓懸在江邊，上層寬大，下層是密密的細柱支撐，一
眼看去真是細腳伶仃。它體現的是苗家建築特色，分上下兩層
隨地而建，據說雖然建在水上卻也通風防潮、避暑禦寒，雖讓
人心懸卻韻味獨特。

　　湘西的鳳凰古城是個適合做遊子家鄉的地方，這裡山清朗，
水溫存。近年來雖名聲在外、遊人如織，但也是多走一走就能找

到詩意所在的地方。甚至,明眼的遊人在短暫的停留中,或也能在人群熙攘中發現古城氤氳的靈氣。

南華山對縣城形成半包圍之勢,山高林茂。《鳳凰廳志》記載,南華山「林深木茂,翠色千層。朝則薄霧籠青,暮則斜陽凝紫。綠螺岱髻,晴雨皆宜」。山上有南華山國家森林公園,據說登山石階近2000級,每一級都寬2公尺,高20釐米。水是沱水。它清清淺淺地穿過小城,柔波裡能看到細軟的水草漂動。遊人可以乘著小船順流而下,看兩岸已有百年歷史的土家吊腳樓,看身前的小夥子傾著身子撐篙。如今,沈從文先生筆下的翠翠已老,不知是否仍舊守候在某個渡口,對人講述著爺爺、黃狗和遠走的儺送……

虹橋,又稱風雨樓,始建於明洪武初年,全長112公尺,連跨三拱,如彩虹臥江,故名虹橋。據說當年有陰陽先生向朱元璋進言,說這裡屏立南郊的南華山和扎入沱江的奇峰是一龍頭所在,他日會出真龍天子。於是朱元璋命人在沱江畔建起虹橋,意在斬斷龍脈,讓鳳凰城再也出不了皇帝。傳說讓這座橋變得更有趣味,而時光卻著實改變了它的樣子——從前連接沱江兩岸的交通要道,如今已是工藝品一條街。江畔的吊腳樓也開闢成了旅館,陽光好時會晾曬出白色的被單。

鳳凰古城可以分成東門景區、北門景區和沙灣景區。東門景區,遊人最盛,包括古碼頭、升恒門(東門城樓)、吊腳樓、還有那一街的特色商店和鳳凰小吃。如果只逛了東門景區,還不能算真正看到了鳳凰的鄉野韻味。不過,既然遊人如此之多,必然有它的可喜之處。滿街的小店林林總總,賣苗銀蠟染的有之,賣

INFORMATION ○○○○○

◎ **Location** | 地理位置

鳳凰縣地處湖南省西部邊緣,湘西土家族苗族自治州的西南角。東與瀘溪縣接界,北與吉首市、花垣縣毗鄰,南靠懷化地區的麻陽苗族自治縣,西接貴州省銅仁地區的松桃苗族自治縣。

◎ **Climate** | 氣候特徵

屬中亞熱帶季風濕潤性氣候。全縣處於湘西低熱區,年均溫為15.9℃,35℃以上的天數全年僅10.5天,日照差的地區年均溫8.3℃。全縣冬季盛吹偏北風,夏季盛吹偏南風。

◎ **Best Time** | 旅遊時機

☼ 3~4月,9~10月。

古城的風俗小店裡，苗家服裝、背包、頭飾等，吸引著來旅遊的女孩們。

手工紀念品的有之，更有不少小店裡飄出薑糖的香味。薑糖是鳳凰特產，將薑攪碎製成糖，甜中有絲絲辣味兒，是祛寒驅潮的良方。

鳳凰的名人故居也出名。這座小城近現代出了三個名人，一是北洋政府國務總理、著名慈善家熊希齡，二是作家沈從文，第三個是畫家黃永玉。熊希齡故居位於古城北文星街內的一個小巷裡，故居往東200公尺便是沱江。沈從文故居位於南中營街，是一座典型的南方四合古院，1902年12月28日，沈從文生於斯。他一生所創作的500多萬字的作品，為鳳凰抹上了濃濃的人文色彩，是世界文學的瑰寶。黃永玉故居並未專闢，但是黃永玉畫室位於沱江岸邊。這位可以稱得上是中國最著名的性情畫家，曾畫下夜色中的虹橋，一片深藍中，一座橋承載著往事的溫馨，讓觀者迷醉。

鳳凰的夜也不寂寞。愛靜的可以坐在江邊看人放河燈，愛熱鬧的可以去看看民俗表演，其中就有承載了許多神秘傳說的湘西趕屍。春秋戰國時期，鳳凰為「五溪苗蠻之地」，屬楚國疆域，因此楚巫文化至今流傳，傳說中的「放蠱」和「趕屍」都屬此列。後者在港產電影裡被演繹成山路上一群死屍排著整齊的隊伍，額上貼著黃紙符，在趕屍人的鞭撻吆喝下，一跳一跳地趁月趕路。這種不知真假也無所謂真假的描寫，給苗地平添了許多神秘感，讓獵奇的人得到茶餘飯後的滿足。

水墨田園

→ 安徽民居

非去不可的理由 ▶

　　她如詩如畫，清新雋永，質樸中不乏精緻；她是曲徑通幽的「桃花源」，她是郵票上的江南水鄉；她古樸的民居、傳統的風貌，是中國的財富，也是世界的文化瑰寶；她以世外桃源般的田園風光、保存完好的村落形態、工藝精湛的徽派民居和豐富多彩的歷史文化內涵聞名天下。

　　穿梭於安徽民居中，不知不覺好像回到遙遠的時空，唐朝大詩人李白就曾對她讚美道：「黟縣小桃源，煙霞百里間。地多靈草木，人尚古衣冠。」不經意間道出了皖南鄉村的獨特意境。此地山水風物幽美，古老文化醞釀出淳厚從容的民風人情。

　　徽州最具代表性的是徽州文化，而徽州民居更是安徽文化的精粹之一。走進安徽境內，令人印象最為深刻的是那些白牆黑瓦和建築構件中各種精美的雕刻。徽州民居是極為精細的一支建築派系，從細微之處的一磚一瓦、一門一窗、一柱一梁，到渾然一體的一房一院，無不透出安徽人聰慧、勤勞和精明的人生哲學。

　　西遞、宏村古民居群是安徽民居中的典型代表，現存完好的明清民居440多幢，其布局之妙、結構之巧、裝飾之美、營造之精，為世所罕見。其中西遞以宅取勝，被稱為「古民居建築的寶庫」；宏村則以水見長，有「中國畫裡的鄉村」的美譽。西遞、宏村的村落選址、布局和建築形態，都以周易風水理論為指導，體現了天人合一的中國傳統哲學思想和對大自然的嚮往與尊重。那些典雅的明、清民居建築群與大自然緊密相融，是中國傳統民居的精髓。

　　宏村的月沼赫赫有名，它幾乎成了徽派建築的代表、安徽民居的縮影。一池碧水形如半月，白牆黛瓦環月沼而立，駐立在其旁，享受著這無聲的美和無聲的清閒。恍惚間時光倒置，眼前彷

佛出現一群村姑阿婆，穿著舊時的裝束，在一個春日的清晨，薄霧朦朧中提著木桶竹籃，到水邊來幹那日常的活計，她們沿著水塘一字排開，於是水蕩漾起來，聲聲鄉儂俚語，談論著各自經商在外的丈夫、在家的公婆以及田裡的農事，洗衣時木杵敲擊在石板上發出清脆的「啪、啪」聲在空氣中迴蕩，於是　切變得生動而又熱鬧起來；又或年前臘月，家家戶戶出門在外的男人終於回家，盤點著一年的收穫，播種著來年的希望。一頂迎親的花轎出現在雪後的月沼邊，小戶人家總喜歡挑這團聚的日子辦喜事，嗩吶聲、爆竹聲在清冷的空氣中迴響，孩子們歡叫著在池塘邊追逐奔跑，小小的月沼此時洋溢著太多的快樂和喜悅。

在老街小巷裡慢慢地轉悠，細細地品味這些明清建築的清新雅致，體會中國傳統文化的博大精深。千百年來的風風雨雨，打碎了太多的夢，留下了太多的記憶，而今只有那一座座古民居矗立在那裡，斑駁的牆壁訴說著世事的滄桑，記錄著過去、現在，或許還有未來。那一刻，所有的話都很蒼白，按下快門，讓我們定格了經受千年風雨洗禮的民居。

徽派建築高大封閉的牆體可以防盜，但也帶來了採光、通風的困難和心理上的壓迫感，於是便有了「天井」的設置，在屋頂上空出一塊，以作通風換氣及採光之用。

INFORMATION ......

◎ Location　｜地理位置

西遞是黃山市最具代表性的古民居旅遊景點，座落於黃山南麓，距黃山風景區僅40公里。宏村位於安徽黃山西南麓，距黟縣縣城11公里，是一座奇特的牛形古村落。

◎ Climate　｜氣候特徵

氣候溫暖濕潤，四季分明。但氣候條件分布差異明顯，天氣多變，降水年際變化大。

◎ Best Time　｜旅遊時機

深秋。

凝固的旋律

福建土樓 >>>>

　　土樓是福建客家人引以為自豪的建築體，因為這是他們智慧和汗水的完美結合。土樓不僅讓福建客家人安居樂業，更向世人展示了客家人的聰明才智，書寫了與自然和諧相處的典範。

　　福建土樓的發現據說還有一段來歷。在20世紀六七十年代，美國的間諜衛星對中國的領地進行空間拍照偵察時，發現在中國福建的許多山區裡分布著很多不明的大型建築，或圓或方，美國人認為這些都是中國的「導彈發射基地」，認為中國的軍事實力

不可小看。直到中美正式建交，美國人才知道這些所謂的「導彈發射基地」，實際上就是福建最有特色的民居——土樓。

福建土樓被譽為「世界民居建築奇葩」，是歷代客家人生活的真實寫照。風格奇異的土樓民宅散布在閩西南的永定、武平、上杭及閩東南的南靖、平和、華安、漳浦等地。其造型、裝飾和建造工藝世所罕見。土樓，俗稱「生土樓」。它是世界上獨一無二的神話般的山村民居建築。

福建土樓的造型花樣頗豐，主要包括圓、方、半圓、橢圓、交椅、五角、八卦、五鳳、桃形及不規則形等許多種類，其中又以圓、方、交椅形和五鳳樓最為常見。土樓共有的特點是建造工期長，一般要花兩三年時間才能完工，規模較大者甚至要花費數十年時間和幾代工匠的辛勞。

平和縣強武樓每個獨立式住屋單元中的廳堂布局。

土樓本身具有很高的民間建築藝術價值，同時，特有的命名藝術，賦予了這些建築更多的內涵和靈魂。它們或以方位命名，或以主人名字命名，或以自然環境定名，或以創業者定名，這些寓意雋永、意味深長的名字使得土樓更加具有藝術的獨特性。而住在土樓內的居民，大部分是幾十戶甚至幾百戶同住一樓，是客家人聚族而居、和睦相處、展現優秀家族傳統的真實寫照。

每一個土樓都是一部歷史，用它的一磚一瓦譜寫著純樸客家人的家族史。而他們留給子孫的，不僅僅是一處安身立命的房宅，更多的是鼓勵後代勤勞生活、艱苦奮鬥的一種精神，客家人用普通的材料建造出了人間民居的奇跡，用平凡創造了神奇。

INFORMATION

◎ Location　　　　　　　　地理位置

主要集中在閩西南的永定、武平、上杭及閩東南的南靖、平和、華安、漳浦等地。

◎ Climate　　　　　　　　氣候特徵

屬亞熱帶海洋性季風氣候，雨量充沛，夏無酷熱，冬無嚴寒，年均溫20.1℃。

◎ Best Time　　　　　　　旅遊時機

春、秋兩季。

中西建築文化的完美結合

開平碉樓 >>>>

　　如果說建築是凝固的音樂，那麼開平近1800多座碉樓就是一部部中西樂器合奏的田園交響樂，就是散落在嶺南鄉村的凝固的音符。這些音符中不僅添加了多立克列柱，還將巴洛克時期的絢麗桂冠戴在它們頭上，精巧的科林斯毛茛葉和柔美的愛奧尼式卷渦更為它們錦上添花。

　　中國近代史是一部中西文化鬥爭交融的歷史，當政客和眾多文人學者還在為中西文化爭論不休的時候，在中國廣東鄉間，歸

來的華僑卻在民居上將中西文化完美地結合在了一起，於是有了現在被列為世界文化遺產的開平碉樓和村落。

這些模糊了時間和空間界限的建築就是開平的碉樓。開平市內，碉樓星羅棋布，城鎮農村，舉目皆是，多者一村十幾座，少者一村二三座。從水口到百合，又從塘口到蜆岡、赤水，縱橫數十公里連綿不斷，蔚為壯觀。這些建築縱橫古今，融匯中西，極盡華貴之能事，精巧細緻，恨不得能將古希臘到文藝復興以及古老中國的所有修飾都穿戴於一身。雖飽經滄桑，卻依舊富麗堂皇。

開平碉樓華麗的背後是無奈的自保。鴉片戰爭之後，成千上萬的開平人遠渡重洋赴北美打工，掙錢回家買地建房娶妻生子，也就成了土匪眼中的「肥肉」。於是，「富家用鐵枝、石子、士敏土（水泥）建三四層樓以自衛；其艱於資者，集合多家而成一樓」（《開平縣誌》）。

碉樓是一個矛盾的綜合體，外表華麗，彰顯主人的富貴。混凝土外牆厚實堅固，大門是沉重的鋼板，窗戶小並裝有鐵柵，頂層四面都有槍眼，樓頂還有瞭望台、探照燈、警報器、槍械等，儼然一副防衛保守的姿態。碉樓在歷史上對保護村民生命財產安全有極大貢獻。如今碉樓多已人去樓空或者只有老人在守護著，碉樓旁邊的老屋和碉樓一起成長，屋子裡的家什處處留下歲月的印記。碉樓散落在村子四周，村落環繞著碉樓，成為不可分割的整體。

自力村碉樓群和馬降龍碉樓群是開平碉樓與村落的代表，身臨其境，翠竹撲面，綠樹成蔭，鳥語花香，四周荷塘瓜地，菜園果樹，中有阡陌小路相通，村中的十幾座碉樓，掩映於村後茂密的竹叢中，與周圍民居、自然環境融為一體。走在石板鋪砌的小路上，望著歷經滄桑的碉樓群，時光似乎倒流到100年前。

INFORMATION

◎ Location　　　　　　|　地理位置

開平市位於廣東省中南部，毗鄰港澳地區，地處珠江三角洲西南部，東北距廣州市110公里，是全國著名僑鄉。它北扼鶴山之衝，西接恩平之咽，東南有新會為藩籬，西南以台山為屏障。地理位置優越。

◎ Climate　　　　　　|　氣候特徵

屬於熱帶和亞熱帶氣候。春季平均氣溫在20℃左右，夏季平均氣溫為28℃，秋季平均氣溫25℃，冬季平均氣溫12℃。

◎ Best Time　　　　　|　旅遊時機

☀ 四季均可。

碉樓在中國人心中已經成了神話，中國人用心在呵護著碉樓，不允許有任何的破壞，因為每一座碉樓都有一個故事，都有一段傳奇。碉樓抗擊土匪，擊退日軍，為保護村民立下汗馬功勞。每一座碉樓也有它獨特的味道：開平碉樓之首為瑞石樓，樓高9層，歷經多年風雨侵蝕，更顯深沉與莊重；方氏

 大大小小的碉樓散落在綠樹叢中，一群白鴿在綠草地上駐足，形成了一道動人的風景。

燈樓，是一個戴著「拜占庭頭盔」的哨兵；無聲地庇佑著它的主人。

「狗吠深巷中，雞鳴桑樹巔」的農村景象，與古希臘神廟或羅馬教堂在開平優美地結合在了一起，村前的水塘、村口的榕樹、四周的竹林、村後的碉樓，一切是那麼自然，那麼和諧，文化的交融在這裡做了最完美的詮釋。

不 可 不 看 的 地 方

1 >> look
迎龍樓：
坐落在開平市赤坎鎮三門里村，東距開平市區6公里，是開平市現存最早的碉樓，沒有受到外來因素的影響，是開平碉樓最原始的模式。

2 >> look
自力村：
開平碉樓的典型代表，村落裡錯落有致、布局和諧地矗立著15座風格各異、造型獨特的碉樓，這些碉樓一般以創建人的名字或其意願而命名。

❊ 文化瑰寶

中華民族的脊梁

萬里長城 ▶▶▶

  非去不可的理由 → →

　　萬里長城以其蜿蜒曲折、奔騰起伏的身影點綴著中華大地的錦繡河山，使之更加雄奇壯麗。它既是具有豐富文化內涵的文化遺產，又是獨具特色的自然景觀。今天國內外遊人以「不到長城非好漢」這一詩句，來表達一定要親自登上長城一覽中華悠久文明、壯麗河山的心情。

　　萬里長城是世界新七大奇跡之一，也是中華民族的象徵。它像一條巨龍，翻越巍巍群山，穿過茫茫草原，跨過浩瀚沙漠，奔

向蒼茫大海。它就是舉世矚目的偉大工程——萬里長城。

中國的長城是人類文明史上最偉大的建築工程，它始建於2000多年前的春秋戰國時期，秦朝統一中國之後連成萬里長城。漢、明兩代又曾大規模修築。其工程之浩繁、氣勢之雄偉，堪稱世界奇蹟。歲月流逝，物是人非，如今人們登上長城，不僅能目睹逶迤於群山峻嶺之中的長城雄姿，還能領略到中華民族創造歷史的大智大勇。

其中北京八達嶺長城典型地表現了萬里長城雄偉險峻的風貌。作為北京的屏障，這裡山巒重疊，形勢險要。氣勢極其磅礴的城牆南北盤旋延伸於群巒峻嶺之中，視野所及，不見盡頭。依山勢向兩側展開的長城雄峙危崖，陡壁懸崖上古人所書的「天險」二字，確切的概括了八達嶺位置的軍事重要性。

登上八達嶺長城，能夠深切地感受到它的威力並沒有因為戰爭武器的進步而衰退，相反，它的魅力依然不減當年，只是當年與它相伴的是一場場戰爭，如今和它相伴的則是人們的安居樂業。漸漸地，耳邊恍如又聽到那美妙而又動人的歌聲：「都說長城兩邊是故鄉，你知道長城有多長，它一頭挑起大漠邊關的冷月，它一頭連著華夏兒女的心房，長城雄風萬

✿ 長城翻山越嶺，於崇山峻嶺之間蜿蜒迂迴。在過去的幾千年裡，它曾是抵禦外侮、護衛中原的堅固壁壘，而今，它已成為牢牢聯結每一個中國人民族情感的紐帶。

INFORMATION ○○○○○

◎ Location | 地理位置

長城位於中國的北部，它東起河北省渤海之濱的山海關，西至內陸地區甘肅省的嘉峪關。橫貫河北、天津、北京、內蒙古、山西、陝西、寧夏、甘肅等8個省、市、自治區，全長約6000公里以上，被譽為「萬里長城」。

◎ Climate | 氣候特徵

北方地區主要是溫帶大陸性氣候，局部地區是高原氣候。夏秋雨水多，冬春雨水少。冬季寒冷，夏季溫熱。最冷月份出現在1月，最熱月份在7月，春溫高於秋溫。

◎ Best Time | 旅遊時機

☀ 四季皆可。

不 可 不 看 的 地 方

look

1 箭扣長城：
位於北京懷柔區渤海鎮珍珠村西北，
東連慕田峪長城、西接黃花城長城，多築於
險峰斷崖之上，以「雄、奇、險、峻」而著稱，素有「長城攝影
家的聖地」之稱。

look

2 司馬台長城：
位於北京市密雲縣。始建於明洪武初年，全長19公里，有敵樓35
座，素以「驚、險、奇」著稱於世。

古揚……就在咱老百姓的心坎上。」

嘉峪關是一個規模壯觀的古代軍事城堡，它由外城、內城和甕城組成，城牆高約11公尺，城樓威嚴恢宏，城牆上還建有箭樓、敵樓、角樓、閣樓、閘門樓共14座，不愧有「天下雄關」之稱。

嘉峪關關城最神奇之處是：匈奴從來犯的方向，看不到嘉峪關城堡，只有兵臨城下才能看見城堡。而站在城樓之上，茫茫大

夜色下的長城，雄風依舊，滄桑盡顯。

漢、關內關外一覽無餘，如有匈奴來犯必是烽火四起。嘉峪關關城的南面是四五公尺高的明牆，好似巨龍浮游於浩瀚的沙海，忽隱忽現，一直延伸到白雪皚皚的祁連山腳下；而北面卻是看不見的暗壁，一直到連綿起伏的馬鬃山。把嘉峪關關城建在這樣一個地勢險要之處，讓我們不得不佩服古代軍事家們的雄才大略。

山海關與居庸關、嘉峪關並稱中國三大雄關，以軍事要塞著稱於世，它以長城為主線，以關城為中心，由10大關隘、7座衛城、37座敵台、14座烽火台、14座墩台等建築組成，主次分明，點線結合，彼此呼應，互相配合，構成一整套科學的防禦群體，堪稱萬里長城精華薈萃地。

長城的防禦工程建築，在2000多年的修築過程中積累了豐富的經驗。首先是在布局上，秦始皇修築萬里長城時就總結出了「因地形，用險制塞」的經驗。2000多年來一直遵循著這一原則，成為軍事佈防上的重要依據。在建築材料和建築結構上以「就地取材、因材施用」的原則，創造了許多種結構方法。有夯土、塊石片石、磚石混合等結構，可稱得上是「巧奪天工」的創造。

❀ 北京地區的長城敵樓多為空心敵樓，可供守城軍士住宿、儲存軍械和糧食。

萬里長城從春秋戰國開始，伴隨著中國長達2000多年的封建社會行進。金戈鐵馬、逐鹿疆場、改朝換代、民族爭和等在長城身上都有所反映。長城作為一座歷史的實物豐碑，將永存於中華大地。除了城牆、關城、鎮城、烽火台等本身的建築布局、造型、雕飾、繪畫等建築藝術之外，還有詩詞歌賦、民間文學、戲曲說唱等皆以長城為背景。古往今來不知有多少帝王將相、戍邊士卒、騷人墨客、詩詞名家為長城留下了不朽的篇章。

優美的自然風光、豐富的文物古跡和多民族豐富多彩的文化藝術，使萬里長城更具有中國特色。

殿宇之海

北京故宮

非去不可的理由 → →

　　故宮，是一座皇家宮殿，也是一座博物館。它凝聚著近600年的宮廷變遷和人世滄桑，積澱了幾千年的文化內涵和生命智慧。故宮，以它厚重的內涵，成為中華民族文化、藝術、社會、歷史的里程碑。這裡代表了權威，也充滿了神秘。

　　故宮位於北京市中心，也稱「紫禁城」。這裡曾居住過24個皇帝，是明清兩代的皇宮，現闢為「故宮博物院」。故宮的整個

建築金碧輝煌，莊嚴絢麗，被譽為世界五大宮之一，並被聯合國教科文組織列為「世界文化遺產」。

故宮的一草一木都有某種象徵意義，體現了古代中國的文化精粹。故宮各處的名稱，都有「仁」、「和」、「中」、「安」等字，如天安門、太和殿等，這些字所代表的意義是中國儒家思想的核心，即「中正」、「仁和」，突顯了傳統的儒家理念。

無與倫比的古代傑作紫禁城整體為木結構、黃琉璃瓦頂、青白石底座，像是一幅千門萬戶的繪畫長卷。一條中軸貫通著整個故宮，這條中軸又在北京城的中軸線上。三大殿、後三宮、御花園都位於這條中軸線上。在中軸宮殿兩旁，還對稱分布著許多殿宇，也都宏偉華麗。這些宮殿可分為外朝和內廷兩大部分。外朝以太和、中和、保和三大殿為中心，文華、武英殿為兩翼；內廷以乾清宮、交泰殿、坤寧宮為中心，東西六宮為兩翼，布局嚴謹有序。故宮的四個城角都有精巧玲瓏的角樓，建造精巧美觀。宮城周圍環繞著高約10公尺、長約3400公尺的宮牆，牆外有52公尺寬的護城河。

故宮裡最吸引人的建築是三大殿：太和殿、中和殿、保和殿。它們都建在漢白玉砌成的8公尺高的台基上，遠望猶如神話中的瓊宮仙闕。這是故宮的前半部，建築形象是嚴肅、莊嚴、壯麗、雄偉，以象徵皇帝的至高無上。故宮外朝，宏偉壯麗，庭院明朗開闊，象徵封建政權崇高無比。

故宮裡一座座宮殿猶如壁壘般森嚴、巍峨壯觀。同時故宮也是世界上規模最大、最完整的古代木結構宮殿建築群，中國最大的歷史博物館。

INFORMATION

◎ **Location** | 地理位置

　　於北京市中心、天安門廣場北1公里
處、景山南門對面。

◎ **Climate** | 氣候特徵

　　屬暖溫帶大陸性季風氣候區，四季
分明、春秋短暫、冬夏漫長。年均溫為
11.7℃，年平均降水量為640毫米。

◎ **Best Time** | 旅遊時機

☀ 4月下旬～6月上旬、8月下旬～11月
底。

太和殿是明清兩朝皇帝舉行朝政大典的重要
場所，採用了中國古代建築中最高的等級，皇
權的至高無上在這裡得到了充分體現。

　　太和殿是中國帝制權力的象徵，不僅面積是紫禁城諸殿中最大的一座，而且形制也是最高規格，俗稱「金鑾殿」，在故宮的中心部位。室內正中放置金漆雕龍寶座，前有造型美觀的仙鶴、爐、鼎，後面有精雕細刻的圍屏，兩側有6根蟠龍金柱，每根柱上用瀝粉貼金工藝繪出一條巨龍，騰雲駕霧，神采飛動，整座殿堂顯得莊嚴肅穆、富麗堂皇。太和殿紅牆黃瓦、朱楹金扉，在陽光下金碧輝煌，是故宮最壯觀的建築，也是中國最大的木構殿宇。

　　故宮內廷富有生活氣息，庭院深邃，建築緊湊，因此東西六宮都自成一體，各有宮門宮牆，相對排列，秩序井然，再配以宮燈聯對，繡榻几床，都是體現適應豪華生活需要的佈置。內廷之後是宮後苑。後苑裡有歲寒不凋的蒼松翠柏，有秀石疊砌的玲瓏假山，樓、閣、亭、榭掩映其間，幽美而恬靜。行走其間，有蘇州花園之感，猶如一幅幅寫意的中國畫。

　　乾清宮是明代的14個皇帝和清代的順治、康熙兩個皇帝的寢宮。他們在這裡居住並處理日常政務。乾清宮正殿懸掛著「正大光明」巨匾。這4個大字是清代順治御筆親書的。

　　坤寧宮在明代是皇后的寢宮。清代，按滿族的習俗把坤寧宮西端四間改造為祭神的場所，每天早晚都有祭神活動。凡是大祭的日子和每月初一、十五，皇帝、皇后都親自祭神。坤寧宮的東端二間是皇帝大婚時的洞房。房內牆壁飾以紅漆，頂棚高懸雙喜宮燈。洞房有東西二門，西門裡和東門外的木影壁內外，都飾

以金漆雙喜大字，有「出門見喜」之意。現在洞房內的裝修和陳設，是光緒皇帝大婚時佈置的原狀。在坤寧宮北面的是御花園。御花園裡有高聳的松柏、珍貴的花木、山石和亭閣，尤其是名為「萬春亭」和「千秋亭」的兩座亭子，可以說是目前保存的古亭中最華麗的了。

在故宮建築中，不同形式的屋頂就有10種以上，顯得豐富多樣而不呆板。故宮建築屋頂滿鋪各色琉璃瓦件，主要殿座以黃色為主，綠色用於皇子居住區的建築，其他藍、紫、黑、翠以及孔雀綠、寶石藍等五色繽紛的琉璃，多用在花園或琉璃壁上。

如果要在中國的土地上找一個代表性建築，那就是故宮，華麗不失莊重，肅穆不失神采。而如果要為中國上下五千年的歷史尋找一個象徵，那麼還是故宮。曾經的輝煌，曾經的喧囂都能在那裡找到注解，其實故宮是一個謎，等待著你去破解。

※ 雪後的故宮，讓人在靜寂中感受到了它的神秘與森嚴。

淨化心靈的聖地

布達拉宮

非去不可的理由

　　曾經有人討論，什麼地方是人這一輩子最應該去的。答案是，沒有什麼地方是人最應該去的，但布達拉宮卻是人最需要去的地方，因為那是淨化心靈的聖地。

　　布達拉宮坐落於中國西南部西藏自治區拉薩市市中心的紅山上，是一座規模宏大的宮堡式建築群。整座宮殿具有鮮明的藏式風格，依山而建，氣勢雄偉。宮中還收藏了無數的珍寶，堪稱是

一座藝術的殿堂。「布達拉」或譯「普陀珞珈」，都是梵語的音譯，原指觀世音菩薩所居之島。

　　7世紀吐蕃松贊干布與唐文成公主聯姻，乃建此宮而居，當時並不叫布達拉宮，而是因地處紅山而命名為「紅山宮」。後兩次毀於天災、戰亂。1645年，五世達賴喇嘛進行擴建，歷時半個世紀始具規模。布達拉宮的主體建築包括白宮、紅宮以及周邊與之相搭配的各種建築。以白宮為主體的建築群建成於1648年，建築坐北朝南共7層。白宮橫貫兩翼，有各種殿堂長廊，擺設精美，佈置華麗，牆上繪有與佛教有關的繪畫，多出名家之手。紅宮位於布達拉宮的中部，以紅宮為主體的建築群竣工於1694年，共6層，這裡是供奉歷代達賴喇嘛靈塔以及進行各種宗教活動的場所。其中供奉許多佛像，有松贊干布像、文成公主和赤尊公主像數千尊，黃金珍寶嵌間，配以彩色壁畫，金碧輝煌。此外，布達拉宮還包括有山上的僧官學校、僧舍、東西庭院以及山下的雪老城、西藏地方政府馬基康、印經院、監獄、馬廄、布達拉宮後園、龍王潭等附屬建築。

　　整個建築群布局嚴謹，錯落

✿布達拉宮外景。

INFORMATION ○○○○○

◎ Location ｜ **地理位置**

　　位於拉薩市西北的紅山上，是藏族古建築藝術的傑出代表，占地3600餘平方公里。

◎ Climate ｜ **氣候特徵**

　　屬大陸性高原氣候，太陽輻射強，日照時間長，年平均達3300小時，高原紫外線強烈。

◎ Best Time ｜ **旅遊時機**

☀ 春夏秋季。

從遠處的大昭寺眺望，布達拉宮顯得莊嚴神聖。

有致，體現了西藏建築工匠的高超技藝。布達拉宮過去曾是西藏政教合一的政權中心，每逢節日活動，宮門擠滿信仰藏傳佛教的各民族佛教徒，成為著名佛教聖地。

布達拉宮依山壘砌，群樓重疊，氣勢雄偉，有橫空出世、氣貫蒼穹之勢，體現了藏族古建築迷人的特色。布達拉宮過去曾是藏式建築的傑出代表，也是中華民族古建築的精華之作。宮宇壘砌，迂迴曲折，同山體有機地融合，這是布達拉宮給人最為直接的感受。

作為藏傳佛教的聖地，每年到布達拉宮的朝聖者及旅遊觀光客總是不計其數。「德陽廈」在半山腰上，是歷代達賴觀賞歌舞的場所。由此扶梯而上經達松格廊廊道，便到了白宮最大的宮殿東大殿。有史料記載，自1653年清朝順治皇帝以金冊、金印敕封五世達賴起，達賴轉世都須得到中央政府正式冊封，並由駐藏大臣為其主持坐床、親政等儀式。此處就是歷代達賴坐床、親政大典等重大宗教、政治活動的場所。

布達拉宮所有宮殿、佛堂和走廊的牆壁上，都繪滿了壁畫，周圍還有各種浮雕。壁畫和雕塑大都絢麗多彩，具有較高的歷史和藝術價值。宮內收藏了大量文物珍寶，有各式唐卡（佛教卷軸畫）近萬幅，金質、銀質、玉石、木雕、泥塑的各類佛像數以萬計。其中的貝葉經《時輪注疏》、釋迦牟尼指骨舍利、清朝皇帝御賜的金冊金印等都堪稱稀世珍寶。

在豐富的藏品中，最重要的是安放歷代達賴喇嘛遺體的靈塔。從五世到十三世，除了被革除教職的六世外，其餘8位都建造了奢華的靈塔。外間設佛龕，供千手千眼觀音像。由此人們可以深切感受到布達拉宮的文化魅力以及深厚的文化底蘊。

布達拉宮下的經幡迎風招展。

正如前人所說，這裡是淨化心靈的聖地，佇立在雪域聖光下的布達拉宮不只是「神聖」二字可以形容的，它更像一種心靈可以朝拜的方向。

不 可 不 看 的 地 方

look
1 世襲殿（沖熱拉康）：
從後山進入布達拉宮見到的第一座大殿。達賴世襲殿主供佛為金質釋迦牟尼像和銀質五世達賴像。氣勢宏偉壯觀，令人印象深刻。在這裡，能夠深切感受到藏族人對自己宗教信仰的虔誠和在這些寶物裡所蘊含的智慧。

look
2 達扎路恭紀功碑：
是研究吐蕃奴隸制社會、吐蕃地方政權與唐朝中央政權關係史的重要文物，位於拉薩市布達拉宮前公路南側一個黃色圍牆的小院內。它是歷史的見證，矗立在那裡靜靜的向遊客展示這裡的文化。

Take My Tips!

不可不看的地方

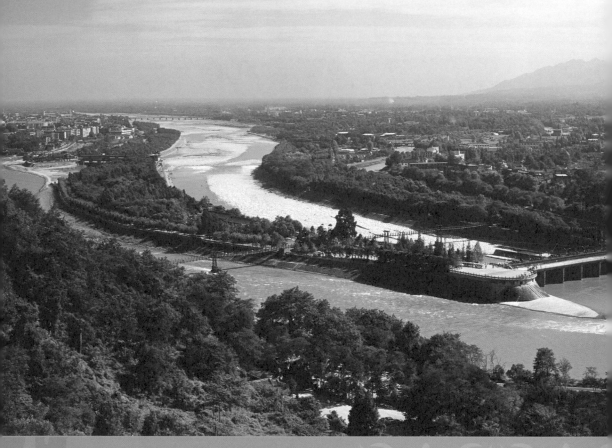

滋養生命的桃花源
都江堰

 非去不可的理由 → →

　　古人云：「仁者樂山，智者樂水。」眾多美麗的地方有
的以山色取勝，有的以水色撩人，唯獨在這裡，水與山相互輝
映，相映成趣。水是岷江的水，而山則是青城的山，更有那千
年的古堰錦上添花。

　　都江堰是一本傾注風雨的書，需要懷著凝重的心情仔細拜
讀，都江堰似人間天堂，遊覽之餘，不禁要產生向天叩拜的衝
動。世界上名山大川眾多，但自然景觀與人文歷史相得益彰，既
可以寄託心靈，又可以滋養生命的桃花源，現在看來，全世界只

有一個，那就是都江堰。

都江堰之水從雪山之上洶湧而來，到都江堰魚嘴後被逐漸一分為六。六條河從都江堰穿城而過，河水清澈透明，河水彷彿一台巨大無比的空調，給都江堰城區帶來了「冬無嚴寒，夏無酷暑」的美好享受，河水流過之處，青翠的柳枝任風擺動，火紅的燈籠隨風搖曳。當夜幕降臨，河兩岸燈火通明，古香古色的建築在燈光下搖曳；燈火在小橋流水之間輾轉；在或明或暗之間，是潺潺的水流聲；大水車咿呀咿呀，娓娓訴說著古堰的千萬種風情……夜色中的都江堰流光溢彩，充滿無窮想像與活力，它可以讓你靜下心來，在夜色中盡情回憶前塵舊事。

而最能領略都江堰風情的是寶瓶口上的「伏龍觀」，此處有一涼亭，可以飽覽內江和分流渠水。從大地深處湧來許多顫動，天地間迴蕩著轟響，如沉悶的山崩，如狂驟的海嘯，那巨大的力量，似乎沒有什麼能夠阻擋。順著聲響，只見那滔滔江水從鑿開的巨大山門—— 寶瓶口，湧入通向蜀中農田的水渠。迷霧裡，江水滾滾，轟鳴著、咆哮著，按著2000多年前給它設定好的走向，順服地流淌下去。

天是白的，山是白的，水也是白的，只有這都江堰，凝重地橫跨在那裡。安瀾索橋橫貫在奔騰的河上，讓人竟有了無比渺小的感覺。眺望整個工程，從那隱約的影像裡，從那河水奔流的感覺中，更可以感受著這項工程的雄偉和壯麗，感受著歷史的豐厚和歲月的滄桑。

不 可 不 看 的 地 方

1 look
飛沙堰：
「洩洪道」具有洩洪排沙的顯著功能，故又叫它「飛沙堰」。飛沙堰是都江堰三大件之一，是確保成都平原不受水災的關鍵。

2 look
寶瓶口：
寶瓶口起「節制閘」作用，能自動控制內江進水量，是湔山（今名灌口山、玉壘山）伸向岷江的長脊上鑿開的一個口子。它是人工鑿成控制內江進水的咽喉，因它形似瓶口而功能奇持，故名「寶瓶口」。

都江堰在四川都江堰城西，建於西元前256年，是全世界迄今為止，年代最久、唯一留存、以無壩引水為特徵的宏大水利工程。

屬亞熱帶季風氣候，具有多雲霧、日照時間短、春早、夏熱、秋涼、冬暖的特點，年均溫為16℃，年降水量1000毫米左右。

☀ 都江堰景區氣候宜人，全年都適合旅遊。

飲水思源，使川西平原成為「水旱從人」的天府之國，是李冰父子的功勞。西元前256年，李冰由秦國派駐古代蜀地任郡守。他在任期間，體察民情，為免除岷江水災，跋山涉水、考察實情，研究治水的方法，率眾修築了這舉世無雙的都江堰。

都江堰工程的運行機理，不是在江中築壩分流的引水工程，而是在江中順水作堰，利用河道河岸的地形和流體力學原理自動控制引水量、洩洪和排沙。工程除了龐大的水網河渠之外，主要由渠首的魚嘴分水堤、飛沙堰溢洪道和寶瓶口三大部分組成。魚嘴分水堤的功能是從江中分流出一部分江水到內江，在江中離堆那裡打開一道20多公尺的引水口——寶瓶口，引入江水進入水網，其餘的江水仍回到岷江，而引水流量則是靠飛沙堰的高低來控制。當發洪水時，由於河道彎曲，水流受離心作用對寶瓶口的衝擊減緩，自動控制水量。都江堰充分利用自然資源為人類服務，變害為利，人、地、水三者高度協調統一。

※ 直到現在，內江截流工程仍採用2000多年前李冰發明的古法。十幾個榪槎矗立在江水中，與竹籠裝著的卵石築成堤壩迫使江水改道。

岷江水不管是輕歌曼舞，還是奔流洶湧，通過寶瓶口便悠揚地分流到成都平原，灌溉萬頃良田，而沙石則通過飛沙堰泄出。諸葛亮在《隆中對》中說：「益州險塞，沃野千里，天府之土，高祖因之以稱帝業。」都江堰除了造福百姓，更成就了無數英雄豪傑的雄才大略。

　　都江堰是當今世界現存年代最久、唯一以無壩引水為特徵的古代水利系統工程。為了紀念李冰，每年都江堰都要舉行「祀水」，一年一度，世代相傳。余秋雨曾說：「問道青城山，拜水都江堰。」如果你來的正是時候，可以欣賞這充滿遠古風情的拜水祭祀。

　　這滋養生命的桃花源，生生不息，流入人的生命，讓人類體會感激，體會知足。

✿ 安瀾橋原橋以竹為纜，木樁為墩，承托鐵索，上鋪木板，旁設欄索，是中國最長的古代索橋。

蘇州園林

非去不可的理由

　　如果說杭州是由越劇和詩詞文化用西湖水泡製的一杯龍井茶，那麼蘇州的園林文化就繡成了一幅立體的中國山水畫，幾許寫意就浸醉了中國千餘年的歷史。

　　蘇州給予人的印象總是淡雅。那些小巷、深宅，那些小橋、流水……好似總在煙雨中，古舊而迷離，自成一幅淡雅玲瓏的水墨畫。蘇州既有山水之勝，又因園林而獨具神韻，有「江南園林甲天下，蘇州園林甲江南」的美稱。至今仍保留完好的古典園林在蘇州市內隨處可見，蘇州古典園林的歷史綿延2000餘年，可上

溯至西元前6世紀春秋時期吳王的園囿,而私家園林最早見於記載的是東晉的辟疆園。爾後歷代造園興盛,名園日多。明清時期,蘇州成為中國最繁華的地區,私家園林遍布古城內外。

　　蘇州的古典園林宅園合一,可賞,可游,可居。滄浪亭、獅子林、拙政園和留園被稱為蘇州「四大名園」,另外網師園也頗負盛名。拙政園是蘇州最大的一處園林,享有「江南名園精華」的盛譽,是蘇州園林的代表作。留園最是華美,園內建築的數量居蘇州諸園之冠,其在空間上的突出處理,充分體現了古代園林設計師的高超技藝和卓越智慧。每個來到這裡的人都能找到自己鍾愛的園子,沒有理由的鍾愛,就那麼被征服了。

　　可以說蘇州園林是城市中充滿自然意趣的「城市山林」,久居鬧市,一進入園林,便可享受到「山水林泉之樂」。這是一個濃縮的「自然界」,「一勺代水,一拳代山」,小小的園內就可擁有四季晨昏變化,春秋草木枯榮。

　　蘇州園林的建築者以畫為本,以詩為題,通過鑿池堆山、栽花種樹等各種藝術手法,獨具匠心地創造出豐富多樣的景致,

※ 退思園是中國少有的貼水園建築,全園簡樸典雅,水面過半,建築緊貼水面。

INFORMATION ·····

◎ **Location** ｜ 地理位置

　　蘇州位於長江三角洲中部，東鄰上海，西傍無錫，南接浙江，北依長江，面積8488.42平方公里。

◎ **Climate** ｜ 氣候特徵

　　屬北亞熱帶季風氣候，氣候溫和、濕潤，雨量充沛，一年四季分明。

◎ **Best Time** ｜ 旅遊時機

☀ 春日。

　　猶如「無聲的詩，立體的畫」。暢遊於園中，一邊品詩，一邊賞畫，或見「庭院深深深幾許」，或見「柳暗花明又一村」，或見小橋流水、粉牆黛瓦，或見曲徑通幽、峰迴路轉，或是步移景易、變幻無窮。至於那些形式各異、圖案精緻的花窗，那些似不經意散落在各個牆角的小品，抽象的禪意、書法、暗香，具體的石頭、荷花、修竹、屋宇、水榭，看起來渾然一體，不由得想到，如果家在這裡面就好了。

　　蘇州園林小處隨意而精緻，諸如那些匾額、楹聯之類的詩文題刻，有以清幽的荷香自喻人品的，如拙政園「遠香堂」；有以清雅的香草自喻性情高潔的，如拙政園「香洲」；有追慕古人似小船自由漂蕩怡然自得的，如怡園「畫舫齋」；還有表現園主企慕恬淡的田園生活的網師園「真意」、留園「小桃源」等，不一而足。這些充滿著書卷氣的詩文題刻，與園內的建

耦園一隅。因該園住宅居中，有東、西兩個花園，故名耦園。

獅子林多假山。
園中景致映於假山
洞口，宛如一幅和
諧絕妙的畫面。

築、山水、花木，自然和諧地揉和在一起，使園林的一山一水、一草一木均能產生出深遠的意境，蘇州的園林就像已經達到最高境界的散文。

　　蘇州的園林需要你認真地品味，在繁華喧囂的背後，是空靈，是寧靜，是平和。園林的真意在於意境，園林內的一亭一景、一草一木，莫不精心構建，在四時風月下自有不同的韻味。蘇州園林代表了一種生活理想，這裡是詩意的棲居。

不 可 不 看 的 地 方

1 look
滄浪亭：
　　位於蘇州市城南三元坊內，是蘇州最古老的一所園林。占地面積10800平方公尺。滄浪亭主要景區以山林為核心，四周環列建築，亭及依山起伏的長廊，又利用園外的水畫，通過復廊上的漏窗滲透作用，溝通園內、外的山、水，使水面、池岸、假山、亭榭融成一體。

2 look
拙政園：
　　位於蘇州市婁門內東北街178號，是江南園林的代表，也是蘇州園林中面積最大的古典山水園林，因其山島、竹塢、松崗、曲水之趣，被譽為「天下園林之母」。

在信仰與人欲之間

龍門石窟 >>>>

非去不可的理由

　　龍門石窟這些洋溢著信仰情感的文化遺產，遺響千載，留給我們的不僅僅只是雕塑的精緻與美麗，更多是百姓對現實世界的祈願。穿行在龍門，內心自然被蕩滌，那些千年無言的雕塑也在雕刻我們的內心。

　　始於北魏、巔峰於盛唐的龍門石窟，現存石窟1300多個，佛洞、佛龕2345個，佛塔50多座，佛像10萬多尊。其中最大的佛像

高達17.14公尺，最小的僅有2釐米，與山西大同雲岡石窟的造像相比，更富有想像，更柔美端莊，線條和緩讓人不禁流連駐足，凝神片刻好像那魏唐時期在雕刻的人重生了。

龍門石窟需要慢慢欣賞，最好是沿著伊河邊長達1000公尺的青石路面緩緩而行，一步一景，步步有驚喜。大大小小，姿態神情各異、面目栩栩如生的佛像密布於整個崖壁之上，佛像或立或臥，或行或飛，或舞或歌，或喜或嗔，不由你驚嘆其鬼斧神工。不過也會扼腕嘆惜，許多精美的佛像頭部都不完整，很多都成了外國博物館的藏品。多精美的藝術都難抵千百年的滄桑，曾經圓潤的肌膚漸遭風化腐蝕，露出了歲月的痕跡。

龍門石窟中最莊嚴的自然要數奉先寺，這是最具有代表性的唐窟，規模之大，在龍門石窟中稱第一。武則天還自己出資，讓

龍門石窟內的塑像造型各異，姿態萬千。

INFORMATION ⊙⊙⊙⊙⊙

◎ Location ｜ 地理位置
位於河南洛陽城南約12公里處。

◎ Climate ｜ 氣候特徵
屬大陸性氣候，春季乾旱，夏熱多雨，秋季溫和，冬季寒冷。年均溫14.86℃，年均降水量578.2毫米。

◎ Best Time ｜ 旅遊時機
春、秋兩季。

1 look
蓮花洞：

　　進窟抬頭便能看到一朵異常精美的大蓮花——蓮花洞因此而得名，圍繞著蓮花的飛天線條簡潔優美。南壁上方有高僅2釐米的小千佛，刻工精細，造型生動，觀之忽有忽無，亦真亦幻。

2 look
萬佛洞：

　　洞中刻像豐富，南北石壁上刻滿了小佛像，進入該窟簡直是進入了佛的世界，很多佛像僅幾釐米高，共計有15000尊。

不可不看
的地方

　　石匠按照她的模樣塑造了盧舍那大佛。盧舍那大佛仁慈、溫暖、寬容、智慧、悲憫的面龐，那俯視大千世界的慈悲目光，那輕淺得不可思議的微笑，那閱盡人間寒暑冷暖，永遠溫柔親切的面相和胸懷，彷彿有著無窮的魔力，讓每個人內心最美好的菩提心，都會被呼喚、震動，乃至淡淡地甦醒。千百年前的工匠在這些佛像上寄託了什麼呢？盧舍那大佛的微笑是對這千年滄桑的包容吧。

　　龍門石窟最美的地方應數蓮花洞，洞頂的藻井是一大朵很精美的蓮花，配合石洞內殘缺的雕飾、斑駁的地面以及昏暗的光線，碩大的蓮花顯得異常完整、精緻、美麗並且遙不可及。一尊觀音像左手輕提淨瓶，右手持佛塵悄灑肩後，冉冉而來，仙衣飄動，裙帶當風，儀態萬千。

　　萬佛洞是專為唐高宗、武則天做「功德」而開鑿的功德窟，因窟內南北兩壁所雕15000尊小坐佛而得名。正壁主尊阿彌陀佛高約4公尺，頭飾波狀髮髻，面相豐滿圓潤，神情安祥肅穆。後壁刻著54枝蓮花，每枝蓮花上各坐一尊菩薩或供養人，構思新穎奇特。南北兩壁壁基雕有多尊伎樂人和舞者。它的整個布局，無不顯示出大唐帝國的雄風，久遠的盛世留給我們的可能只有這些餘韻，不過也值得我們去體味那時佛與世俗的曖昧。

　　要想把龍門石窟這些巧奪天工、井然有序的佛像全部、仔細看一遍，一兩天時間可不夠，在那居住一段時間，更能體會龍門石窟的魅力。

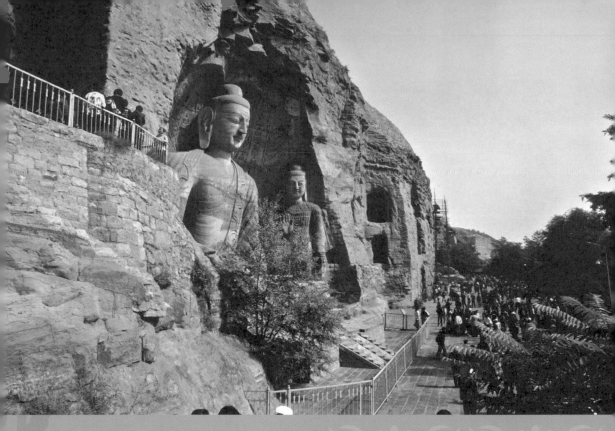

飛翔的石雕

雲岡石窟

非去不可的理由

　　欣賞雕塑其實更多是聽雕塑家的訴說，出色的雕塑家能把
你帶進他的世界，幾筆幾刀，故事就出來了。雲岡石窟的故事
會是什麼樣的？

　　武周山坐北朝南，山清水秀，可以說是「藏風得水」的好地
方，也是北魏皇帝祈福的「神山」。在這裡，皇帝遙拜北方，祈
求神靈保佑江山社稷。雲岡石窟就開鑿在武周山北崖上，始建於
北魏建都平城（今大同）的時代，由佛教高僧曇曜奉旨開鑿，距
今已有1500多年的歷史，現存主要洞窟53個，大小造像51000多
尊。北魏著名地理學家酈道元在《水經注》中，記錄了當年雲岡
石窟的壯景：「鑿石開山，因岩結構，真容巨壯，世法所希。山

※ 第13窟中的交腳彌勒佛像高12公尺多，端坐於正中，在其右臂與腿之間雕有一托臂力士像，非常特別，為雲岡石窟中僅有的一例。

堂水殿，煙寺相望，林淵錦鏡，綴目所眺。」

縱觀雲岡，在這綿延1公里的石窟中，雕像大至十幾公尺，小至幾釐米，石雕滿目，蔚為壯觀。他們的形態各異，神采動人。雕像或居中正坐，栩栩如生，或擊鼓或敲鐘，或手捧短笛或載歌載舞，或懷抱琵琶，細看還有些異國色彩。因為當時波斯人也來協助開鑿雲岡石窟，佛像上就留下了獨特的斧痕，不過雲岡石窟是石窟藝術中國化的開始，出現了中國建築式的佛龕。

雲岡石窟是按數字編號的，最為精巧的一窟是第六窟，被稱做「第一偉窟」，代表了北魏石窟藝術的最高境界。走進窟門，清涼的感覺撲面而來，接著就是心靈的震撼，你的四周，整個被佛像、菩薩、羅漢、飛天、鳥獸、花卉所包圍。從頭頂到腳邊，富麗堂皇，千姿百態，沒有一處空白，不給你任何呼吸的空間。你被淹沒，淹沒在1000多年前的雕刻、繪畫的海洋中。那麼多訊息在眼前紛亂閃過，時光隧道的那一頭，手持鑿錘刻刀的人們齊聲訴說。有些聲音，的確可以穿越時光。他們的聲音留在這些雕像的淺笑、花蔓的捲曲上，大得讓人想要摀住耳朵。

第六窟中還有一獨特之處，童心依舊的人肯定無比喜歡，這裡用30多幅浮雕講述了釋迦牟尼從誕生前到鹿野苑的故事，就像連環畫一般，畫中小鹿們的微笑放在今天一定是世界級的卡通代表。

第五窟與第六窟是同時開鑿的，兩窟之間的石壁，無一寸不被雕刻，最薄的地方只有2釐米。稍一用力，就會刻穿甚至刻垮。然而古人的匠心讓一切都沒有發生，精美壯觀的兩面雕刻，就在脆弱的薄壁上站立了千年之久，而且還是一步一世界，一眼一蓮花。第五窟中的釋迦牟尼佛高達17公尺，為雲岡石窟中的第一大佛像，大佛的雙腿長達15.5公尺，膝上可容納120人，一隻腳上可

站立12人。釋迦牟尼佛面部輪廓清晰，白毫點朱，細眉長目，鼻準方直，雙耳垂肩，身著褒衣博帶，端莊、肅穆，並未給人高高在上之感，倒像一位慈祥的老者。

　　雲岡石窟最大的洞窟為第三窟，崖面高25公尺，開窟面寬50公尺，因工程浩大，北魏一代未能完工，後室的3尊大像高約10公尺已屬唐代作品，據專家考證，第三窟便是文獻記載的「通樂寺」、「靈岩寺」，當時可居僧人達3000人。撫摸石壁，遙望對面的佛像，空曠冷清，除卻了眾多僧人，反而更有佛家之意，更能領會佛家之旨。

　　除了精美，雲岡石窟還有一種風格——雄健。畢竟石窟最初是北魏鮮卑族的拓跋氏開鑿的皇家石窟，鮮卑族長年馬背上征戰，也使雲岡石窟多了份金戈鐵馬的剛毅勇武。曇曜五窟的高大雄偉，氣度非凡的佛像，正是北魏5位帝王的化身造像，個個都眉目寬大，面龐方正，身軀健壯有力，線條簡潔，有的還有兩撇鬍鬚。其中拓跋燾的造像最為特別，身披千佛袈裟站立，面有懺悔之色，據說千佛衣是為了贖罪，因為他主持過滅佛運動，到晚年又表示了懺悔。

　　與龍門石窟相比，雲岡石窟可能少了些許精緻，但那正是它的特色。好似一位行者歷經了滄桑，依然沒有停歇，只是暫時休息一下，來給你說說故事，難道不值得傾聽嗎？

INFORMATION ○○○○○

◎ Location ｜ 地理位置

　　雲岡石窟位於中國北部山西省大同市以西16公里處的武周山南麓。

◎ Climate ｜ 氣候特徵

　　屬大陸性季風氣候，年均溫為6.5℃，夏季氣候涼爽宜人。

◎ Best Time ｜ 旅遊時機

☀ 6～10月。

雕刀刻下最後的輝煌

大足石刻

非去不可的理由 → →

大足石刻是刻在石頭上的故事，就像連環畫一樣給我們講述著人生百態，講述著世間萬事。石刻可以曉之以理，動之以情，誘之以福樂，威之以禍苦。觀者若能有所感觸，也就不虛此行了。

石頭是會講故事的，千年而過，大足石刻靜靜地在那裡講述這千年來的故事，講給經過它的人聽，只需經過，故事就會跟你一起走。

大足石刻位於重慶大足縣內，唐永徽元年開鑿，最鼎盛時期

為宋代。早期石刻完全是摩崖造像。如寶頂山大佛灣造像長達500公尺，全都裸露在外，與山崖連成一片，氣勢磅礴，給人一種強烈的視覺衝擊，宛若一處大型的佛教勝地。而北山摩崖造像近萬尊，從南到北形狀若新月，龕窟如蜂房，層層疊疊，綿延不盡。

石窟多為佛教或道教題材，而大足石刻卻有濃厚的世俗氣息，純樸的生活氛圍彌漫在雕塑中，中國古代儒家之道，道家之義，都體現在了刀刀刻工之中。

大足石刻的人物大多文靜溫和，衣飾華麗，身少裸露；美而不妖，麗而不嬌。造像中，無論是佛、菩薩，還是羅漢、金剛以及各種侍者像，都頗似現實中各類人物的真實寫照。無論王公大臣、官紳士庶、漁樵耕讀，各階層人物皆栩栩如生，呼之欲出。社會生活場面都雕浮在石崖之上，為我們展開了一幅12至13世紀中葉間的民間風俗畫卷。

大足石刻群雕平靜地講述著世間之事。如父母恩重經變像的石刻如電影片段似地，展現了父母為子女操勞憂心的情景，從懷胎守護，到痛苦生產；從辛苦把尿，到為兒洗衣；從送兒離家，到為兒婚配，以至「百歲唯憂八十兒」，形象生動，感人肺腑。在地獄的群雕中，居然有一位溫柔恬靜的少女，那甜蜜的笑容，可親可愛，所以被稱為「東方的蒙娜麗莎」，還被印到了郵票上。那一組組雕塑已經把你的一生融進去，不由得你也進入到這石頭所講的故事中了。

不 可 不 看 的 地 方

look

>> 1　北山石刻：
　　以佛灣造像最為集中，共編290號龕窟。佛灣佛像雕刻精細，體態俊逸，風格獨特。「心神車窟」中的「普賢菩薩」造像精美，被譽為「東方維納斯」。

look

>> 2　寶頂山石刻：
　　距大足縣城東北15公里。石刻共13處，造像數以萬計，氣勢磅礴，宛如一卷鐫刻在500多公尺崖壁上的連環圖畫，寶頂山是佛教聖地之一，有「上朝峨眉、下朝寶頂」之說。

INFORMATION ......

◎ Location　　　　　　　　　|　地理位置

　　位於中國西南部重慶市的大足縣境內，在四川盆地東南，西距成都271公里，東去重慶70公里。大足石刻群有石刻造像70多處，總計10萬多尊，雕像5萬餘尊，銘文10萬餘字，是中國晚期石窟造像藝術的典範。

◎ Climate　　　　　　　　　|　氣候特徵

　　屬亞熱帶季風性濕潤氣候，冬暖夏熱，年均溫在18℃左右。冬季最低氣溫平均在6～8℃，夏季最高氣溫平均在27～29℃。

◎ Best Time　　　　　　　　|　旅遊時機

☀ 四季均可。

　　大足石刻中最大的一尊造像是寶頂山臥佛，全長達500公尺。別處臥佛皆為全身像，唯有這尊是半身，整個雕刻全在石壁上刻就，首尾俱隱入旁邊侍立的群雕中，只剩一截短短的佛身，於有限中想像無限。大足民間對寶頂山臥佛有「身在大足，手摸巴縣，腳踏瀘州」的說法，更說明了其藝術魅力。臥佛面前從地裡湧出十八弟子皆作悲慟狀，但又個個稍異，看著不禁就能找到自己傷心時的影子。

　　臥佛只是大足石刻的一小部分，六道輪回圖、千手觀音、廣大寶樓閣、華嚴三聖像、孔崔明石經變、毗盧道場……期待著你的前往，相信你會有陡然的醒悟。

🌼 寶頂山大佛灣第17號大方便佛報恩經變相。

六道輪回像。六道即指地獄、餓鬼、畜生、阿修羅、人間、天上等六種世界。輪回則是於六道中受
生死輪回之苦。

非去不可的
100個旅遊勝地・中國篇

作　　者	《中國國家地理》編輯委員會
發 行 人	林敬彬
主　　編	楊安瑜
編　　輯	李彥蓉
內頁編排	Zoe Chen
封面構成	Zoe Chen
出　　版	大旗出版　行政院新聞局北市業字第1688號
發　　行	大都會文化事業有限公司
	110台北市信義區基隆路一段432號4樓之9
	讀者服務專線：(02) 27235216
	讀者服務傳真：(02) 27235220
	電子郵件信箱：metro@ms21.hinet.net
	網　　　址：www.metrobook.com.tw
郵政劃撥	14050529 大都會文化事業有限公司
出版日期	2010年2月初版一刷
定　　價	250元
I S B N	978-957-8219-94-6
書　　號	Image-09

Metropolitan Culture Enterprise Co., Ltd
4F-9, Double Hero Bldg.,432,Keelung Rd.,Sec.1,
Taipei 110,Taiwan
Tel:+886-2-2723-5216 Fax:+886-2-2723-5220
E-mail:metro@ms21.hinet.net
Web-site:www.metrobook.com.tw

國家圖書館出版品預行編目資料

非去不可的100個旅遊勝地. 中國篇 ／ 中國國家
　地理編輯委員會著. ─ 初版. ─ 臺北市：
　　大旗出版：大都會文化發行，2010.02
　　　　面；　　公分
　　　ISBN 978-957-8219-94-6(平裝)

　　　1. 旅遊 2. 中國

690　　　　　　　　　　　　　　98023563